中国非洲研究院文库·中国脱贫攻坚调研报告

主编 蔡昉

中国脱贫攻坚调研报告
——延安篇

RESEARCH REPORTS ON THE ELIMINATION OF POVERTY IN CHINA
—YAN'AN CITY, SHAANXI PROVINCE

燕连福 李新烽 著

中国社会科学出版社

图书在版编目(CIP)数据

中国脱贫攻坚调研报告.延安篇／燕连福等著.—北京：中国社会科学出版社，2020.5

（国家智库报告）

ISBN 978-7-5203-6772-1

Ⅰ.①中… Ⅱ.①燕… Ⅲ.①扶贫—调查报告—延安 Ⅳ.①F126

中国版本图书馆 CIP 数据核字（2020）第 115884 号

出 版 人	赵剑英
项目统筹	王 茵
责任编辑	李海莹
责任校对	韩天炜
责任印制	李寡寡

出　　版	中国社会科学出版社
社　　址	北京鼓楼西大街甲 158 号
邮　　编	100720
网　　址	http://www.csspw.cn
发 行 部	010-84083685
门 市 部	010-84029450
经　　销	新华书店及其他书店

印刷装订	北京君升印刷有限公司
版　　次	2020 年 5 月第 1 版
印　　次	2020 年 5 月第 1 次印刷

开　　本	787×1092　1/16
印　　张	13
插　　页	2
字　　数	165 千字
定　　价	78.00 元

凡购买中国社会科学出版社图书，如有质量问题请与本社营销中心联系调换
电话：010-84083683
版权所有　侵权必究

充分发挥智库作用 助力中非友好合作

——"中国非洲研究院文库"总序

当今世界正面临百年未有之大变局。世界多极化、经济全球化、社会信息化、文化多样化深入发展,和平、发展、合作、共赢成为人类社会共同的诉求,构建人类命运共同体成为各国人民共同的愿望。与此同时,大国博弈激烈,地区冲突不断,恐怖主义难除,发展失衡严重,气候变化凸显,单边主义和贸易保护主义抬头,人类面临许多共同挑战。中国是世界上最大的发展中国家,是人类和平与发展事业的建设者、贡献者和维护者。2017年10月中共十九大胜利召开,引领中国发展踏上新的伟大征程。在习近平新时代中国特色社会主义思想指引下,中国人民正在为实现"两个一百年"奋斗目标和中华民族伟大复兴的"中国梦"而奋发努力,同时继续努力为人类作出新的更大的贡献。非洲是发展中国家最集中的大陆，是维护世界和平、促进全球发展的重要力量之一。近年来，非洲在自主可持续发展、联合自强道路上取得了可喜进展，从西方眼中"没有希望的大陆"变成了"充满希望的大陆"，成为"奔跑的雄狮"。非洲各国正在积极探索适合自身国情的发展道路，非洲人民正在为实现《2063年议程》与和平繁荣的"非洲梦"而努力奋斗。

中国与非洲传统友谊源远流长，中非历来是命运共同体。中国高度重视发展中非关系，2013年3月习近平担任国家主席后首次出访就选择了非洲；2018年7月习近平连任国家主席后首次出访仍然选择了非洲；6年间，习近平主席先后4次踏上非洲大陆，访问坦桑尼亚、南非、塞内加尔等8国，向世界表明中国对中非传统友谊倍加珍惜，对非洲和中非关系高度重视。2018年中非合作论坛北京峰会成功召开。习近平主席在此次峰会上，揭示了中非团结合作的本质特征，指明了中非关系发展的前进方向，规划了中非共同发展的具体路径，极大完善并创新了中国对非政策的理论框架和思想体系，这成为习近平新时代中国特色社会主义外交思想的重要理论创新成果，为未来中非关系的发展提供了强大政治遵循和行动指南。这次峰会是中非关系发展史上又一次具有里程碑意义的盛会。

随着中非合作蓬勃发展，国际社会对中非关系的关注度不断提高，出于对中国在非洲影响力不断上升的担忧，西方国家不时泛起一些肆意抹黑、诋毁中非关系的奇谈怪论，诸如"新殖民主义论""资源争夺论""债务陷阱论"等，给中非关系发展带来一定程度的干扰。在此背景下，学术界加强对非洲和中非关系的研究，及时推出相关研究成果，提升国际话语权，展示中非务实合作的丰硕成果，客观积极地反映中非关系良好发展，向世界发出中国声音，显得日益紧迫和重要。

中国社会科学院以习近平新时代中国特色社会主义思想为指导，努力建设马克思主义理论阵地，发挥为党的国家决策服务的思想库作用，努力为构建中国特色哲学社会科学学科体系、学术体系、话语体系作出新的更大贡献，不断增强我国哲学社会科学的国际影响力。中国社会科学院西亚非洲研究所是当年根据毛泽东主席批示成立的区域性研究机构，长期致力于非洲问题和中非关系研究，基础研究和应用研究并重，出版和发表了大量学术专著和论文，在国内外的影响力不断扩大。以西亚非洲研究所为主体于2019年4月成立的中国非洲研究院，是习近平总书记在中非合作论坛北京峰会上宣布的加强中非人文交流行动的重要举措。

按照习近平总书记致中国非洲研究院成立贺信精神，中国非洲研究院的宗旨是：汇聚中非学术智库资源，深化中非文明互鉴，加强治国理政和发展经验交流，为中非和中非同其他各方的合作集思广益、建言献策，增进中非人民相互了解和友谊，为中非共同推进"一带一路"合作，共同建设面向未来的中非全面战略合作伙伴关系，共同构筑更加紧密的中非命运共同体提供智力支持和人才支撑。中国非洲研究院有四大功能：一是发挥交流平台作用，密切中非学术交往。办好"非洲讲坛""中国讲坛""大使讲坛"，创办"中非文明对话大会"，运行好"中非治国理政交流机制""中非可持续发展交流机制""中非共建'一带一路'交流机制"。二是发挥研究基地作用，聚焦共建"一带一路"。开展中非合作研究，对中非共同关注的重大问题和热点问题进行跟踪研究，定期发布研究课题及其成果。三是发挥人才高地作用，培养高端专业人才。开展学历学位教育，实施中非学者互访项目，培养青年专家、扶持青年学者和培养高端专业人才。四是发挥传播窗口作用，讲好中非友好故事。办好中国非洲研究院微信公众号，办好中英文中国非洲研究院网站，创办多语种《中国非洲学刊》。

为贯彻落实习近平总书记的贺信精神，更好地汇聚中非学术智库资源，团结非洲学者，引领中国非洲研究工作者提高学术水平和创新能力，推动相关非洲学科融合发展，推出精品力作，同时重视加强学术道德建设，中国非洲研究院面向全国非洲研究学界，坚持立足中国，放眼世界，特设"中国非洲研究院文库"。"中国非洲研究院文库"坚持精品导向，由相关部门领导与专家学者组成的编辑委员会遴选非洲研究及中非关系研究的相关成果，并统一组织出版，下设六大系列丛书："学术著作"系列重在推动学科发展和建议，反映非洲发展问题、发展道路及中非合作等某一学科领域的系统性专题研究或国别研究成果；"经典译丛"系列主要把非洲学者以及其他方学者有关非洲问题研究的经典学术著作翻译成中文出版，特别注重全面反映非洲本土学者的学术水平、学术观点和对自身发展问题的认识；"法律译丛"系列即翻译出版非洲国家的投资法、矿业法、建筑法、环保法、劳动法、税法、海关法、土地法、金融法、仲裁法等等重要法律法规，以及非洲大陆、区域和次区域组织法律文件；"智库报告"系列以中非关系为研究主线，中非各领域合作、国别双边关系及中国与其他国际角色在非洲的互动关系为支撑，客观、准确、翔实地反映中非合作的现状，为新时代中非关系顺利发展提供对策建议；"研究论丛"系列基于国际格局新变化、中国特色社会主义进入新时代，集结中国专家学者研究非洲政治、经济、安全、社会发展等方面的重大问题和非洲国际关系的创新性学术论文，具有学科覆盖面、基础性、系统性和标志性研究成果的特点；"年鉴"系列是连续出版的资料性文献，设有"重要文献""热点聚焦""专题特稿""研究综述""新书选介""学刊简介""学术机构""学术动态""数据统计""年度大事"等栏目，系统汇集每年度非洲研究的新观点、新动态、新成果。

期待中国的非洲研究和非洲的中国研究在中国非洲研究院成立的新的历史起点上，凝聚国内研究力量，联合非洲各国专家学者，开拓进取，勇于创新，不断推进我国的非洲研究和非洲的中国研究以及中非关系研究，从而更好地服务于中非共建"一带一路"，助力新时代中非友好合作全面深入发展。

中国社会科学院副院长
中国非洲研究院院长
蔡　昉

摘要： 2019年5月7日，延安向世界宣告脱贫了！这一卓著功绩是延安坚持以脱贫攻坚统揽全市经济社会发展大局、贯彻落实习近平总书记"发挥两个明显优势""破解一个明显制约"[①]指示精神取得的。如今的延安拥有常住人口226万，全市GDP达1558.91亿元，人均可支配收入为22357元。[②]延安实现了从基本温饱向告别绝对贫困、走向富裕的历史性跨越。

延安这片革命圣地，曾经黄沙漫天、荒凉贫瘠，多次被联合国教科文组织称为"不适宜人类居住的地方"。那么，延安究竟是怎样实现成功脱贫的呢？

本报告认为，在延安精神的照耀下，延安将中国特色扶贫开发道路成功付诸实践，在中华大地上演绎出了奋力向上的脱贫攻坚伟大奇迹。

延安减贫经历了四个阶段。延安经历了1935—1949年中共中央落脚延安时期的减贫实践，1949—1978年新中国成立初期的减贫实践，1978—2012年改革开放以来的减贫实践，以及2012年至今新时代以来的精准脱贫实践四个阶段。

延安减贫交上六份答卷。延安在解决区域贫困、增强经济实力、改善基础设施、提升脱贫能力、实现整体蜕变、提高可持续发展能力六个方面，交上了让人民满意的答卷。

延安扶贫有七个举措。包括：扶贫组织工作有力、精准扶贫扎实推进、扶贫资金有效融合、产业扶贫全面开花、生态扶贫绿山富民、社会扶贫凝聚合力、精神扶贫拔掉穷根。

---

① "两个明显优势"：第一个明显优势是特色资源优势，主要是能源、特色农产品和特色文化旅游资源优势；第二个明显优势是后发优势，主要是城镇化发展和基础设施建设还有很大空间。"一个明显制约"是生态环境整体脆弱。

② 《2018年延安市国民经济和社会发展统计公报》，2019年4月11日，延安市统计局网（http：//tjj. yanan. gov. cn/index. php? m = content&c = index&a = show&catid = 15&id = 8056）。

延安区县市脱贫各有妙招。延安在成功脱贫的过程中，2区1市10县，每个地方都有自己的特色，每个地区都形成了自己独特的脱贫妙招。

延安脱贫具有重要的意义。延安的脱贫是中国减贫事业取得历史性成就的一个缩影，是中国精准脱贫的一个缩影，是中国绿色脱贫的一个缩影，也是中国革命老区可持续脱贫的一个缩影。延安的脱贫实践，为世界各国减贫提供了一个优秀范例，为推进构建人类命运共同体书写了光辉一页。

关键词：延安脱贫；精准脱贫；六份答卷；七个举措；脱贫妙招；重要意义

Abstract: On May 7th 2019, Yan'an announced to the world it had alleviated poverty. This achievement marked the culmination of the project whereby Yan'an upheld poverty alleviation as the economic and social development goal of the city and implemented General Secretary Xi's "giving full play to two obvious advantages" and "cracking down on one prominent problem"①. Yan'an has a population of 2.26 million with a GDP of 155.891 billion yuan, and an average per capita income of 22,357 yuan②. Yan'an has orchestrated a historical turnaround from merely being able to feed and clothe its citizens to eliminating absolute poverty, and it now embraces prosperity.

As the holy land of the revolution, Yan'an was once desolate and barren with yellow sand and dust. The area has been repeatedly described by UNESCO as "unfit for human habitation". So, how on earth has Yan'an realized poverty alleviation?

This report concludes that in the light of the Yan'an Spirit, Yan'an has implemented poverty alleviation with Chinese characteristics and created as massive uplift.

Poverty reduction in Yan'an has gone through four phases. From 1935 to 1949 was the Yan'an Period when the Central Committee of the CPC initiated the practice of poverty reduction. From 1949 to

---

① "Two obvious advantages": the first obvious advantage is the advantage of characteristic resources, mainly energy, characteristic agricultural products and characteristic cultural tourism resources; the second obvious advantage is the advantage of backwardness, mainly because there is still much room for urbanization and infrastructure construction. One obvious constraint is the fragile overall ecological environment.

② Yan'an City 2018 National Economic and Social Development Statistics Bulletin, Yan'an Bureau of Statistics, Apr 11th 2019, http://tjj.yanan.gov.cn/index.php?m=content&c=index&a=show&catid=15&id=8056.

1978 saw the practice of the Early Period of the Founding of the People Republic of China. From 1978 to 2012 saw the practice of the Period of Reform and Opening-up. Since 2012 till now, is the Period of targeted poverty alleviation in the New Era.

Yan'an has submitted 6 solutions for poverty alleviation. Satisfactory achievements have been made in solving regional poverty, increasing economic strength, improving infrastructure, enhancing the ability to shake off poverty, realizing overall transformation and improving the ability of sustainable development.

Yan'an has developed seven effective measures for poverty alleviation. They are as follows: the organization of poverty alleviation has been vigorously secured; solid progressin targeted poverty alleviation has been made; poverty alleviation funds have been effectively integrated; poverty alleviation through industrial development has blossomed in an all-round way; poverty alleviation through industrial development has led to green mountains and people's richness; forces of social poverty alleviation has brought together and poverty alleviation through spiritual improvement has been uprooted.

Each district and county in Yan'an hasmanaged its own coups in poverty alleviation. In battling the poverty, the 2 districts, 1 city and 10 counties of Yan'an prefecture have developed their own unique way to alleviate poverty. Each place has witnessed its own success stories.

Poverty alleviation in Yan'an is of great significance. The practice of poverty alleviation in Yan'an represents a microcosm of the historical achievements China has made in the cause of poverty reduction, of targeted poverty alleviation, and of green poverty alleviation, as well as that of the sustainable poverty alleviation in the Chinese old revolutionary base areas. The practice of poverty alleviation in Yan'an has set a shining example for the world. It has written a glamorous page for building the shared future for mankind.

Key words: Yan'an Poverty Alleviation, Targeted Poverty Alleviation, Six Answers, Seven Measures, Brilliant Measuresin Poverty Alleviation, Significance

目 录

引言 中国特色扶贫开发之路 ……………………（1）

一 延安脱贫引起世界关注 ……………………（6）
 （一）延安向世界宣布脱贫 ……………………（6）
 （二）国外游客的延安印象 ……………………（17）
 （三）非洲学者的延安感悟 ……………………（21）

二 延安减贫的四个阶段 ……………………（29）
 （一）历史上的延安：战争和贫穷相伴而行 ……………………（29）
 （二）1935—1949年：中国共产党带给延安希望 ……………………（32）
 （三）1949—1978年：新中国使延安换新颜 ……………………（37）
 （四）1978—2012年：改革开放唤醒延安活力 ……………………（41）
 （五）2012年至今：新时代延安精准扶贫路 ……………………（48）

三 六份减贫答卷群众满意 ……………………（52）
 （一）区域贫困整体解决 ……………………（52）
 （二）经济实力显著增强 ……………………（55）
 （三）基础设施全面改善 ……………………（58）
 （四）贫困户脱贫能力提升 ……………………（64）
 （五）延安整体旧貌换新颜 ……………………（67）
 （六）可持续发展能力增强 ……………………（72）

四 七个扶贫举措见实效 ……………………………………（76）
  （一）组织扶贫工作："四级书记"共抓扶贫 …………（76）
  （二）推进精准扶贫：围绕"四个问题"扶贫 …………（82）
  （三）融合扶贫资金："三类"资金盘活产业 …………（88）
  （四）推进产业扶贫：从无中生有到冷中生热 ………（91）
  （五）推进绿色扶贫："生态扶贫"绿山富民 …………（96）
  （六）推进社会扶贫：多方协作凝聚群体力量 ………（100）
  （七）推进精神扶贫："志智双扶"拔掉穷根 …………（105）

五 区县市脱贫各有妙招 ……………………………………（110）
  （一）安塞区"三变"破解资金难题 ……………………（110）
  （二）宝塔、志丹推进精准脱贫攻坚 …………………（115）
  （三）洛川、延川解决农村产业落后 …………………（122）
  （四）吴起、黄龙保护西部山区生态 …………………（130）
  （五）富县、黄陵探索脱贫致富新路 …………………（138）
  （六）甘泉、延长社会扶贫攻坚实践 …………………（145）
  （七）宜川、子长自力更生扶贫攻坚 …………………（154）

六 延安精准脱贫的意义 ……………………………………（163）
  （一）延安脱贫是精准脱贫的一个缩影 ………………（163）
  （二）延安脱贫是绿色脱贫的一个缩影 ………………（169）
  （三）延安脱贫是老区可持续脱贫的一个缩影 ………（174）

结语 构建人类命运共同体 ………………………………（180）

参考文献 …………………………………………………………（184）

引言　中国特色扶贫开发之路

人类创造了大量的物质财富和精神财富，然而贫困就像一道挥之不去的阴影，羁绊着人类追求美好生活的步伐。作为世界上人口最多的发展中国家，中国对贫困有着切肤之痛。面对贫困程度深，致贫原因复杂，脱贫成本高等现实难题，中国的贫困治理任务极为繁重。但是，"路虽远行则将至，事虽难做则必成"，中国人民从来没有放弃过对美好幸福生活的追求。

人民群众对美好生活的向往，是中国共产党矢志不渝的奋斗目标。新中国成立以来，中国共产党始终将贫困治理作为国家的一项重大战略，根据贫困人口分布、贫困成因、贫困特征等情况的变化，不断调整完善扶贫策略和帮扶方式，带领全国各族人民为消除贫困而不懈奋斗。

1. 中国特色扶贫开发道路的形成历程

1949—1978年，是小规模救济式扶贫阶段，主要以政府扶贫资金和物资投入为主，帮助贫困群众解决生产和生活困难。

1978—1985年，是体制改革推动扶贫阶段，以改革农村经济体制为主要措施，推动农村经济的发展，减少农村贫困人口的数量。

1986—2000年，是大规模开发式扶贫阶段，扶贫更加制度化和规范化，成立了国务院扶贫开发领导小组，制定《"八七"扶贫攻坚计划》，因地制宜开发调动贫困地区的优势资源，来推动实现自我发展，就地解决贫困问题。

2001—2013年，是整村推进式扶贫阶段，制定了《中国农村扶贫开发纲要（2001—2010年）》，以贫困村为重点扶贫对象，扶贫资金、扶贫政策以及扶贫项目直接向贫困村倾斜，提高贫困村的收入水平。

2013年至今，是精准式扶贫阶段，在总结以往扶贫实践经验的基础上，进一步提出了精准扶贫、精准脱贫的新方略，坚持因人因地施策，因贫困原因施策，因贫困类型施策，聚焦精准帮扶，让贫困群众切实摆脱贫困。

在几十年的实践中，中国的扶贫策略由过去主要依靠政策带动、"大水漫灌"式扶贫向因村因户因人施策、"精准滴灌"式扶贫转变，由主要依靠资金和物资投入的"输血式"扶贫向产业扶贫、提高贫困群众自我发展能力的"造血式"扶贫转变。中国贫困人口从2012年年底的9899万人减到2019年年底的551万人，贫困发生率由10.2%降至0.6%，连续7年每年减贫1000万人以上，而7000多万人相当于一个中等国家的人口总量。

2017年，世界银行前行长金墉曾指出："过去五年中国的减贫成就是人类历史上最伟大的事件之一，世界极端贫困人口从40%下降至10%，主要贡献来自中国。"[1] 在中国共产党的带领下，中国人民成功走出了一条中国特色的扶贫开发道路。

2. 中国特色扶贫开发道路的宝贵经验

概括地说，中国特色扶贫开发道路就是秉持共享全面小康的理念，坚持中国共产党的领导，坚持精准扶贫的方略，通过

---

[1] 《世行行长赞中国减贫成就：人类历史上最伟大事件之一》，2017年10月13日，央视网（http：//news.cctv.com/2017/10/13/ARTIAEKYwoONjEAL8ufEhVAQ171013.shtml）。

加大资金支持、动员社会力量参与、促进真抓实干、激发贫困群众内生动力，让全体人民过上全面小康生活、推动共建没有贫困的人类命运共同体的减贫之路。

共享全面小康是理念。全面建成小康社会最艰巨最繁重的任务在农村，特别是在贫困地区。没有农村的小康，特别是没有贫困地区的小康，就没有全面建成小康社会。"小康不小康，关键看老乡"，中国的脱贫工作坚决不让一个人掉队，不落下一个贫困地区、一个贫困群众，实现全体人民共建共享全面小康社会。

强化组织领导是保证。在中国共产党的正确领导下，加强脱贫攻坚责任体系、政策体系、投入体系等四梁八柱的顶层设计，坚持"中央统筹、省负总责、市县抓落实"的扶贫管理体制，列出时间表，立下军令状，各市、县、乡、村层层压实责任，坚决打赢脱贫攻坚战。

坚持精准扶贫是方略。精准扶贫精准脱贫，贵在精准，重在精准，成败之举在于精准。做到"六个精准"，即扶持对象精准、项目安排精准、资金使用精准、措施到户精准、因村派人精准、脱贫成效精准；实施"五个一批"工程，即发展生产脱贫一批、易地搬迁脱贫一批、生态补偿脱贫一批、发展教育脱贫一批、社会保障兜底一批。在扶持谁、谁来扶、怎么扶、如何退"四个问题"上下一番"绣花"功夫。瞄准特困地区、特困群众、特困家庭，扶到点上、扶到根上，扶起贫困群众的美好生活。

加大资金支持是保障。加大中央和省级财政扶贫投入，坚持政府投入在扶贫开发中的主体和主导作用，增加金融资金对扶贫开发的投放，吸引社会资金参与扶贫开发。积极开辟扶贫开发新的资金渠道，多渠道增加扶贫开发资金。

动员社会力量是依靠。扶贫开发是全党全社会的共同责任，充分发挥社会主义集中力量办大事的制度优势，构建政府、市场、社会协同推进的大扶贫格局，动员凝聚全社会力量广泛参与，形成脱贫攻坚的强大合力。

促进真抓实干是要求。"贫困之冰，非一日之寒；破冰之功，非一春之暖"，扶贫工作要拿出踏石留印、抓铁有痕的劲头。坚持真扶贫、扶真贫、真脱贫，做到扶贫工作务实，脱贫过程扎实，脱贫结果真实，让脱贫成效获得群众的认可、经得起实践和历史的检验，不搞花拳绣腿，不摆花架子。用破冰之功凿开贫困之冰，才能真正打赢脱贫攻坚这场硬仗。

激发内生动力是根本。脱贫致富贵在立志，只要有志气、有信心，就没有迈不过去的坎。注重扶贫同扶志、扶智相结合，把贫困群众的积极性和主动性充分调动起来，引导贫困群众树立主体意识，发扬自力更生的精神，激发改变贫困面貌的干劲和决心，变"要我脱贫"为"我要脱贫"，靠自己的努力改变命运。

共建没有贫困的人类命运共同体是愿景。中国在致力于消除自身贫困的同时，始终积极开展南南合作，力所能及地向其他发展中国家提供不附加任何政治条件的援助，支持和帮助广大发展中国家特别是最不发达国家消除贫困。中国人民始终密切关注和无私帮助仍然生活在战火、动荡、饥饿、贫困中的有关国家的人民，呼吁各国携起手来，为共建一个没有贫困、共同发展的人类命运共同体而不懈奋斗。

3. 延安脱贫是中国减贫与发展的缩影

延安这片革命圣地，曾经黄沙漫天、荒凉贫瘠，多次被联合国教科文组织称为"不适合人类居住的地方"。在中国特色扶贫开发道路的指引下，在延安精神的照耀下，延安坚持精准扶贫、精准脱贫的基本方略，建立"四级书记"抓扶贫的工作机制，加大扶贫资金投入，实施扶贫资金"三变改革"，推进"八个一批"工程，依托优势资源打造苹果产业，走生态扶贫之路，深化"3+X"帮扶活动，坚持志智双扶，彻底摆脱了困扰延安人民千百年来的绝对贫困问题。2018年年底，延安市693个贫困村，19.52万贫困人口脱贫摘帽。2019年5月7日，陕西省人民政府宣布，延安市延川、宜川两县脱贫摘帽，延安实现整体脱贫。

延安将中国特色扶贫开发道路成功付诸实践，在中华大地上演绎出了奋力向上的脱贫攻坚伟大奇迹。20世纪以来，延安的减贫，经历了1935—1949年、1949—1978年、1978—2012年，以及2012年至今四个阶段。延安的减贫，在解决区域贫困、增强经济实力、改善基础设施、提升脱贫能力、实现整体蜕变、提高可持续发展能力六个方面，交上了让人民满意的答卷。延安成功脱贫的背后，七个方面的做法，让人印象深刻，即扶贫组织工作有力、精准扶贫扎实推进、扶贫资金有效融合、产业扶贫全面开花、生态扶贫绿山富民、社会扶贫凝聚合力、精神扶贫拔掉穷根。延安在成功脱贫的过程中，2区1市10县，每个地方都有自己的特色，每个地区都形成了自己独特的脱贫妙招。

总之，延安的脱贫是中国减贫事业取得历史性成就的一个缩影，是中国精准脱贫的一个缩影，是中国绿色脱贫的一个缩影，也是中国革命老区可持续脱贫的一个缩影。延安有辉煌的过去，更有无限美好的未来。在这里，黄河黄土地孕育了中华文明；在这里，中国革命由胜利走向辉煌；在这里，山川大地由黄变绿；在这里，人民告别贫困走向幸福。在未来乡村振兴的道路上，一个红色延安、人文延安、生态延安、魅力延安正在以美丽迷人的形象走向世界！

一 延安脱贫引起世界关注

延安是中国革命的圣地,是毛泽东领导中国革命、指引中国革命走向胜利的地方。毛泽东思想在这里形成、发展到成熟,承载着中国共产党和人民军队的奋勇拼搏的厚重历史。因为革命圣地的特殊地位,延安告别绝对贫困,不仅是延安发展史上的一件大事,也是全国乃至全球瞩目的一件大事。一代代中国共产党人带领人民的接续奋斗,在延安开花结果。
——津巴布韦大学语言学系教授拉斯顿·穆卡洛

(一) 延安向世界宣布脱贫

延安市[①]位于陕西境内,地处中国西部黄土高原腹地,地貌以黄土高原、丘陵为主,属黄土高原丘陵沟壑区。延安自然条件恶劣,气候寒冷,每年霜期较长,河流季节性强,易遇到洪水或者断流情况;生态环境脆弱,风吹黄沙漫天舞。20年前,延安每年流入黄河的泥沙约占入黄河泥沙总量的六分之一,在历史上是极端贫困地区。《延安地区志》记载,从明初到新中国成立的580余年间,延安共发生旱灾、洪涝、冰雹等灾害200余次。20世纪70年代,

---

① 目前,延安市下辖2区1市10县,分别为:宝塔区、安塞区、延长县、延川县、子长市(2019年7月由县设置为县级市)、志丹县、吴起县、甘泉县、富县、洛川县、宜川县、黄龙县、黄陵县,总面积37037平方公里,现有常住人口226万人。

延安农民人均粮食产量较低，许多农民在温饱线上挣扎。老延安人都有这样的记忆：缺水的墚峁是"和尚头"，喂不饱烟熏火燎的"灶口"；春种一面坡，秋收一瓢粮，喂不饱倒山种地的"人口"；羊蹄一踩就倒，羊嘴一啃就光，喂不饱漫山遍野的"牲口"。

新中国成立以来，尤其是改革开放以后，面对延安贫瘠荒凉、经济基础薄弱的现状，延安人民向贫穷"开战"。通过发扬自力更生、艰苦奋斗的精神，延安人民生活水平显著提高，城乡面貌发生了翻天覆地的变化。但受自然、历史、社会等因素的制约，面对发展环境恶劣，制约瓶颈多，贫困程度深，返贫压力大，基础设施滞后等现实问题，延安的经济发展仍相对滞后，实现全面脱贫任务的形势依然严峻。

脱贫攻坚战的号角全面吹响。2015年以来，中央和各级财政加大对延安的扶贫资金投入，易地搬迁、就业安置、产业帮扶等一项项精准扶贫的政策在延安落地生根，书写了人类历史上最成功的脱贫故事。作为中国革命圣地，延安曾经见证了中国共产党由弱到强，中国革命从艰难困苦逐步走向胜利的光辉历程。如今，再次见证了延安儿女用拼搏奋斗书写了胜利捷报：2019年5月7日，随着最后两个贫困县延川、宜川脱贫摘帽，全市贫困发生率降至0.66%（2019年年底延安市贫困发生率降至0.57%），延安整体告别绝对贫困。至此，老区人民的贫困历史一去不复返，延安脱贫了！

1. 贫困县全部摘帽区域性整体脱贫

贫困发生率[①]是考核贫困县摘帽[②]的一项重要指标。在中国

---

① 贫困发生率是指农村低于贫困线的人口占农业人口的比重，反映的是贫困发生的广度。

② 贫困县摘帽是指贫困县退出贫困行列，其标准主要有以下几点：一是贫困发生率必须低于2%（西部地区低于3%）；二是脱贫人口错退率必须低于2%；三是贫困人口漏评率必须低于2%；四是群众认可度必须高于90%，任何一项指标不符合条件的，不予退出。

西部地区，贫困发生率降到3%以内是贫困县实现脱贫摘帽的必要条件。照此标准，截至2014年，延安市仍有延川、延长、宜川3个国家级贫困县①，贫困发生率分别为：19.73%、17.07%、19.73%，贫困发生率高，脱贫任务重。同时，延安市其余10个县（市、区）的贫困发生率也高于国家规定的3%的贫困率，也就是说，延安的13个县（市、区）均属于贫困县，延安市总计仍有693个贫困村②，7.6218万贫困户③，20.52万贫困人口，贫困发生率为13.2%。

2015年，黄龙县的贫困发生率由2014年的10.1%降至0.15%，黄陵县的贫困发生率由2014年的17.75%降至0.8%，黄龙县、黄陵县在延安率先实现脱贫目标。2018年，除延川县、宜川县外，延安的11个县（市、区）均完成脱贫任务；2019年，延川、宜川成功脱贫，延安由此实现了区域性整体脱贫，

---

① 国家级贫困县：又称国家扶贫工作重点县或国定贫困县，是国家为帮助贫困地区设立的一种标准。国家级贫困县以当地人年均纯收入作为依据，经国务院扶贫开发领导小组办公室认定。主要集中在中国西部地区，且大多集中于革命老区、少数民族地区以及边疆地区（通常合称为"老少边穷"），其标准随着时间的推移而有所更改，部分县也随之退出国家扶持范围。

② 贫困村：贫困村的确定由村民委员会申请，经乡镇、县、地级以上市人民政府逐级审查后，报省人民政府扶贫开发主管部门批准并向社会公布。主要依据有：农民人均纯收入、农民人均产粮、农民人均住房面积、未解决饮水困难人口、人均农村用电量、自然村（屯）通公路率、适龄儿童入学率、医疗卫生条件、广播电视覆盖率、贫困人口数量以及扶贫开发工作情况，兼顾石山面积革命老区、少数民族县（乡）、边境县（市）、库区移民等综合指标。

③ 贫困户：是指生活困难家庭，没有专门政策补助的人群，通常把年人均纯收入低于一定标准的家庭人口称为贫困户。2014年贫困标准为2800元/年，2015年贫困标准为2968元/年，2016年贫困标准为3146元/年，2017年贫困标准为3335元/年，2018年贫困标准为3535元/年，2019年贫困标准为3747元/年，2020年贫困标准为4000元/年。

成为陕西省率先实现所有贫困县摘帽的地级市之一。

延安市各县（市、区）脱贫数据汇总表

县 (区、市)	（2014年年末）贫困数据统计				（截至2019年年末）脱贫数据统计				
	贫困村	贫困户	贫困人口	贫困发生率（%）	脱贫时间	脱贫村	脱贫户	脱贫人口	贫困发生率（%）
宝塔区	51	7023	11174	4.91	2018	51	6595	10569	0.27
安塞区	55	7550	21140	12.98	2018	55	7015	20051	0.67
延长县	83	8457	20198	17.07	2018	83	8282	19903	0.25
延川县	63	9400	29177	19.73	2019	63	8806	28023	0.78
子长市	82	11254	33761	16.17	2018	82	10400	32269	0.71
志丹县	56	3582	9232	11.48	2018	56	3487	9073	0.20
吴起县	52	3943	9069	8.69	2018	52	3713	8636	0.41
甘泉县	39	2907	7699	11.94	2018	39	2666	7294	0.63
富县	54	5693	16318	14.73	2018	54	5084	15285	0.93
洛川县	73	6285	18978	13.44	2018	73	5589	17750	0.87
宜川县	47	5568	15683	19.73	2019	47	5333	15317	0.46
黄龙县	25	1121	3009	10.10	2015	25	1080	2964	0.15
黄陵县	13	3435	9779	17.75	2015	13	3106	9338	0.80
总计	693	76218	205217	13.20	2019	693	71156	196472	0.57

2. 19.64万贫困人口退出贫困行列

2014年，延安市有20.52万贫困人口，贫困发生率为13.2%。与陕西省其他地市相比较，延安市贫困人口数量多、贫困发生率高、剩余贫困人口脱贫难度大，在一些地区还存在返贫现象。同时受生态环境脆弱、基础设施和产业发展滞后、生存条件恶劣等因素制约，延安市实现全面脱贫的形势依然严峻。

2015—2019年，中央和地方财政累计向延安投入扶贫资金62.5亿元，脱贫攻坚取得显著成绩，贫困人口大幅减少。2018年年底，延安市7.07万户、19.52万贫困群众实现脱贫摘帽，贫困人口减少到5526户、10034人，贫困发生率降至0.66%，

693个贫困村脱贫出列,延安首次实现了"清零"的目标。2019年年底,延安市累计退出7.11万户,19.64万贫困人口,贫困发生率降至0.57%。

3. 贫困户人均纯收入达10002元

在中国,贫困人口退出以户为单位,主要衡量标准是该户年人均纯收入①稳定超过国家扶贫标准。② 2015年以来,延安市委市政府坚持把脱贫攻坚作为头等大事和第一民生工程,坚持精准施策、因地制宜、因户施策,不断加快农村基础设施建设,延安市的农村经济实现快速发展,农村面貌焕然一新,贫困群众的生活得到极大改善,人均纯收入连年增长。

2019年,延安市贫困户人均纯收入达10002元,与2014年延安市贫困户人均纯收入3225元相比较,增长了2.07倍。③ 与2019年全国建档立卡贫困户9808元的人均纯收入相比多194元。延安贫困户的腰包不断鼓起来,生活水平不断迈上新台阶,实现了从贫困到小康的历史性跨越,正阔步奔向更加富裕的全面小康。

4. 贫困人口实现"两不愁、三保障"

扶贫是指帮助农村贫困人口摆脱贫困达到小康的生活水平。《中国农村扶贫开发纲要(2011—2020年)》中指出,脱贫的总体目标是到2020年,稳定实现扶贫对象不愁吃、不愁穿,保障其义务教育、基本医疗和住房,即实现"两不愁、三保障"。目

---

① 人均纯收入指的是人民当年从各个来源渠道得到的总收入,相应地扣除获得收入所发生的费用后的收入总和。反映的是一个国家或地区人民收入的平均水平。

② 《中共中央办公厅国务院办公厅印发〈关于建立贫困退出机制的意见〉》(厅字〔2016〕16号)。

③ 《延安市脱贫攻坚工作汇报》,2020年4月1日。

前，延安贫困人口基本实现了这一目标。

(1) 贫困人口吃得越来越好

"食之味也，人之欲也。"自古以来，民以食为天，饮食是百姓生活的首要需求。社会经济的快速发展、人民群众收入的普遍提高，首先带来的是饮食上的显著改善。从吃不饱到解决温饱，再到均衡营养吃得健康，从空空的菜篮子到天天过年的饭桌子，延安贫困户的饮食发生了巨大变化，贫困户的饮食水平得到显著提升。

在过去，延安人对吃饭的要求不高，人们最大的愿望就是吃饱饭。因国家经济基础差，农作物产量少，粮食匮乏，人们的饮食结构单一。玉米馍、洋芋擦擦等粗粮是餐桌上的主食，土豆、白菜、萝卜是主要的蔬菜，逢年过节才会吃一些饺子、油糕等饭食。冬季，家家户户要腌酸菜，以备冬春缺菜时食用。白面馒头是一种奢侈，过年吃顿肉就是延安人民一年中最幸福的时刻。

改革开放后，随着工农产业的发展，延安农民生活水平逐步提高。白面、大米等细粮比例较改革开放前有很大提高，餐桌上的蔬菜、肉类品种也丰富了起来。贫困户吃粮水平从"吃得饱"变为"吃得好"，多吃点肉成为贫困户的共同愿望。如今，摆脱贫困的延安农民，更加注重健康饮食，均衡营养，不仅要吃得好，还要吃得健康。餐桌上的食物更加丰富，饮食结构更加多元，奶、蛋、肉、菜一应俱全，日常饮食得到充分满足。

在谈到饮食的变化时，洛川县凤栖镇高堡村冯会梅回忆道："那时候，人一见面，首先问的是吃饭了没？每天两顿饭，做饭得计划着，不敢贪嘴多下锅。吃食讲究的不是营养，而是经得饿。"[①]

---

① 冯妮娜、杨帆：《从吃不饱，到吃得好，再到吃得有品位》，《延安日报》2018年8月22日第1版。

洛川县永乡镇冯家村村民冯慧平讲道："以前上学，每天背4个玉米馍馍和一份咸菜，吃的时候在灶上热一下。条件好的同学可以花上5分钱买上一碗土豆、萝卜和豆腐做成的烩菜。现在生活条件好了，我们经常会跑到农家乐吃火碗、油糕、软馍，这些东西在20世纪七八十年代，只有在过年的时候才会吃到。"①

洛川县北关小学六年级的小学生陈欣雨说："现在学校发的有蛋奶，回到家妈妈也很注重营养搭配，餐餐还得加上香蕉、苹果等水果。"②

（2）贫困户穿上了流行服饰

"一块白羊肚手巾，一张沧桑的面孔"是对旧日延安人的生动写照。在20世纪五六十年代，由于经济条件有限，物资短缺，延安老百姓的典型着装是自己家做的衣裤。农民用自织自染的粗布做衣料，颜色单调，黑、蓝、灰是当时人们着装的主色调，鞋子是自己纳的千层底。新三年旧三年，缝缝补补又三年，衣服成为"传家宝"，一家人轮流穿。中山服、工人服、学生服、军便服是当时最流行的衣装。

改革开放以后，纺织业迅速发展起来，化纤、毛料纺织品不断增多，各种布料多姿多彩，衣服色彩鲜亮起来，款式也越来越丰富，服装市场空前繁荣。近几年，随着贫困户经济收入的增长，时尚元素逐渐走进了大家的生活。无论男女老少，都穿上了流行的服装，羽绒衣、羊毛呢大衣、皮衣、风衣、一字裙，大城市流行什么，贫困户也穿什么，妇女们更是讲究衣服的质地与款式。穿衣不仅是为了避寒保暖，更是人们独特个性的生动体现，这反映了延安贫困群众对美好生活的向往与不断

---

① 冯妮娜、杨帆：《从吃不饱，到吃得好，再到吃得有品位》，《延安日报》2018年8月22日第1版。

② 同上。

追求。

(3) 搬出了窑洞，住进了楼房

"花1万元就能住这样的大房子，就像天上掉馅饼。"① 2017年，即将搬入新家的延安市宜川县丹州街王湾村村民杨水合的爱人高兴地讲。杨水合一家有四口人，原来的房子是一处住了17年的土坯房。由于年久失修，房子经常出现裂缝、漏水等状况，很不安全，且不具备排水、排污系统和防洪措施，卫生条件也差。家里只有一个土炕，空间有限，孩子小的时候可以一起睡，等到大一点一个土炕住不下，只得把儿子、女儿送到他们舅舅家住。

精准扶贫政策实行以来，按照延安市扶贫办、住建局的扶贫方案，杨水合一家四口，移民安置房每人享有2.5万元的补贴，这样每人再掏2500元，他们家就可以得到一套100平方米的新房。两室一厅的房子里，窗明几净，家具家电一应俱全。"孩子们回来再也不用住到舅舅家去了。"②

如今在延安，像杨水合家这样的房子已经成为很多农村人的"标配"，越来越多的村民像杨水合一样搬进了新居，过上了从前想都不敢想的舒心日子。

改善农村人居生活环境，加强农村危房改造，是落实"两不愁、三保障"中住房安全保障的重要部分。近年来，延安市围绕"住房安全有保障"的目标，坚持将危房改造作为第一民生工程，全力推进危房改造项目工程，为打赢脱贫攻坚战奠定了坚实的基础。

(4) 贫困人口医疗报销比例达90%

没有全民健康，就没有全民小康。因病致贫、因病返贫，

---

① 《贫困户花1万得新房 主妇：像天上掉馅饼》，2017年11月29日，搜狐网（https://www.sohu.com/a/207400579_99984058）。

② 同上。

是不少贫困家庭的心头事。延安市深入推进健康扶贫工程，改革医疗保险制度，先后出台了"四免一提一降"①"先诊疗后付费，一站式结算"②等措施，为脱贫攻坚筑起一道道"健康防线"。目前，全市贫困人口基本医疗保险达到100%，大病保险参保率达到100%，"一站式"即时结算达到100%，通过开展"面对面"交流，贫困人口对健康扶贫政策的知晓率基本达到100%。2017年，延安市政府出台了《关于调整完善健康扶贫有关政策的通知》，在册贫困人口住院费用经基本医保、大病保险报销后，由民政部门给予医疗救助兜底保障，确保合规、合理医疗费用报销比例达到90%。③这大大降低了贫困人口大病费用个人实际支出，提高了贫困人口救助保障水平，有效解决了贫困群众看病贵、看病难的问题。

位于宜川县丹州街道办王湾村村民李桂莲夫妇是其中的受益者。71岁的李桂莲是一名地地道道的农村妇女，一辈子和土地打交道，过着靠天吃饭的日子，以前家里每年收入仅有千余

---

① "四免一提一降"："四免"即免除参加基本医保个人缴费部分；免除乡镇卫生院、社区卫生服务中心住院报销起付线；免除镇村门诊就医一般诊疗费；免费门诊救助，按照《延安市农村贫困户慢性病门诊医疗救助办法》，经市、县区定点医院认定的贫困户慢性病患者，在认定病种救助限额内，由县区、乡镇定点医院免费发放基本药物，并将相关资料报送县区民政部门，每季度审核、结算一次。"一提"即提高省市县定点医院基本医保报销比例10个百分点。"一降"则是降低大病保险起付线，由2万元降至3000元。

② "先诊疗后付费，一站式结算"：患者在门诊、急诊诊疗时，通过预缴一定额度押金的方式，待所有诊疗过程结束后统一进行结算，无须在接受每项诊疗服务时往返于各楼层之间单独缴费，这种结算的支付方式，简化了就诊流程，减少了排队次数，节省了诊疗时间，更让患者不会因为暂时没钱耽误了救治。

③ 《延安市人民政府办公室关于调整完善健康扶贫有关政策的通知》，2017年6月19日，延安市人民政府网（http://www.yanan.gov.cn/gk/zfwj/szfbh/239753.htm）。

元。10多年前，李桂莲和她的丈夫先后被诊断出糖尿病、心脏病等慢性疾病，她的丈夫在2003年还突发脑梗，住进县医院的重症监护室，短短一周时间就花掉了七八万，这已是家里的全部积蓄。经过治疗后，病情基本稳定，但后续的治疗对他们家来说仍是一个沉重的负担。

2015年，李桂莲一家因病致贫被列入了"社会兜底户"名单。除了可以享受农村合作医疗保险外，还可以享受住院治疗"门槛费"减半，报销比例上调至95%的优惠政策，这让李桂莲夫妇轻松了很多。李桂莲高兴地说："我们两口子患糖尿病、心脏病都十几年了，原先别说住院了，就连吃药都得先问价钱。想着只要能缓解就行，拖一天算一天。现在有医疗报销了，降糖药、胰岛素都是定期买，需要住院的时候就住院，报销比例也高，医药费负担减轻多了。2018年我住院治疗了12天，花了5000块，报销后个人支付不到1000元，这在过去想都不敢想。"[①]

（5）不让一个贫困学生因贫辍学

扶贫必扶智，治贫先治愚。通过教育扶贫，提高贫困户的文化素养与实践技能，是阻断贫困现象代际传递的根本措施。以前，适龄儿童因贫困而辍学的现象在延安农村极为常见。实施精准扶贫以来，延安市坚持将教育扶贫作为扶贫工作的重点，坚决做到"两个兑现"，义务教育适龄儿童入学率、巩固率达到100%的承诺兑现，贫困家庭子女教育资助政策应享尽享的承诺兑现。延安市改革完善精准资助体系，全面落实贫困学生学前教育免保教费，义务教育阶段免学费、免书本费、补助寄宿生活费，高中、中职阶段免学杂费和补助资金，大学阶段实行教

---

① 延媛、班姣、思博海：《"新农合就是我们农民的'及时雨'"——宜川县丹州街道办王湾村健康扶贫见闻》，《延安日报》2019年5月21日第1版。

育生源地助学贷款和各类资助政策。

在延长县罗子山镇尚家村村民尚文婧的家中，父亲尚海军因车祸致残，不能干重体力活，家中全靠母亲张秀珍打工维持生计，日子过得清贫拮据。2015 年初中毕业的时候，因家庭条件差，眼看着就要辍学。"中考时，我娃成绩超过了高中录取分数线，但是家里条件不好，供不起。"① 母亲张秀珍说道。县中学的一条信息给尚文婧带来了希望，县中学设立了"新长城自强班"，上学还可以领到资助金。由延长县定点帮扶企业设立的"新长城自强班"不仅免除了她高中三年的学费，每年还可以领取 1800 元生活补贴。得益于这一政策，尚文婧完成了高中学业，并在 2018 年 9 月迈入了大学，开启了新生活。

延安市把对残疾儿童的教育扶贫作为重中之重，积极开展"三秦教师结对帮扶"② 行动。主要是对重度残疾儿童落实送教上门的政策，通过面对面、一对一的教育方式，对残疾儿童进行学习帮扶、课余指导、心理咨询与思想教育，使每一个学生都能健康成长。子长市石家湾便民服务中心柏山寺村的学生李一博，因先天性脑瘫导致肢体障碍无法行走，由于父母常年在外务工，2018 年上小学后，他的奶奶每天推着轮椅接送他上下学。班主任陈乐作为他的帮扶老师，坚持每天对他进行学习指导，经常对其进行心理辅导，学校还为李一博的奶奶在学校找到了一份工作，解决了他们的后顾之忧。

---

① 冯丽：《人人有学上　家家有希望——记陕西省延安市教育扶贫工作》，《中国教育报》2018 年 12 月 11 日第 1 版。

② "三秦教师结对帮扶"，是陕西省教育厅自 2017 年秋季学期开始，在教育系统内全面开展的广大教师与贫困学生之间的结对帮扶活动。在职在岗教师发挥教育扶志和扶智作用，与贫困学生形成关爱帮扶对子，有效地推动教育扶贫工作的实施。

（二）国外游客的延安印象

"延安，是一座美丽迷人的城市。"国外友人来到延安后这样评价延安。

2019年6月，延安市启动了"一带一路"主流媒体聚焦延安大型采访活动，来自泰国、阿根廷、马来西亚、巴基斯坦、秘鲁、阿富汗、柬埔寨、斯里兰卡、委内瑞拉等国家的近40名媒体记者组成了采访团，走进延安，见证革命老区的发展成就与全新面貌，向世界传递延安声音，讲述延安故事。

1. 延安由黄转绿令人震撼

延安生态环境建设取得的巨大成就，引发记者们高度关注。

来自《阿富汗时报》的副主编赛迪奇·胡赛尼说："这次随采访团来到延安市吴起县，了解了这里的往昔与今日，听到了吴起治沙动人且传奇的故事，所到之处，都令我感到震撼。"[1]

巴基斯坦黎明新闻电视台记者穆罕默德·伊姆兰在参观延安吴起县退耕还林纪念馆后，对延安实现由"黄"到"绿"的转变大为赞叹。他说："面对恶劣的自然环境，延安人勤劳、智慧、团结的精神风貌非常可贵。"[2]

秘鲁安第斯通讯社的比克托·贝利斯对记者感慨道："我认为中国共产党聚焦生态保护，注重地球环境可持续发展的态度是可取的，而且地方自身也实现了可持续发展。"[3]

---

[1] 乔建虎：《迷人的延安红 神奇的延安绿——"一带一路"外国主流媒体人眼中的延安》，《延安日报》2019年7月4日第2版。

[2] 同上。

[3] 《外媒记者走进延安 见证老区的发展新貌》，2019年7月3日，国际在线网（http://news.cri.cn/20190703/ae3d8f0b-4f80-e31d-e403-e33ff5bc9d75.html）。

2. 这里种植的苹果非常好吃

苹果产业后整理是延安市委市政府实施乡村振兴战略的重要举措，是发展现代果业的一项重要抓手，也是实现精准脱贫、促进农民增收致富的有力支撑。参观宝塔区柳林镇孔家沟村苹果基地，一眼望去，果树郁郁葱葱，长势喜人，在了解到延安市对苹果进行标准化精细化管理，并通过分级分拣、冷藏冷链、"互联网+"等多种方式进行苹果营销时，记者们纷纷表示，延安通过标准化生产、产业化运营特色苹果，让当地老百姓过上富裕生活，这种方式值得总结推广。

"巴基斯坦也种植苹果，但面积没这么大，今天参观之后我觉得这里不仅种植面积非常大，而且采用的种植方法也非常科学。"[1] 来自巴基斯坦的《今日巴基斯坦报》记者比拉尔·艾哈迈德·萨博利说。

《阿富汗时报》副主编赛迪奇·胡赛尼说："延安苹果从生产环节到营销环节都落得很实，是一种很好的产业发展模式。"[2] 在听到延安借助电子商务平台，积极推动国际市场，将苹果走出国门后，他表示："中国在电子商务方面的发展模式令人称赞，希望两国之间可以共同探索新的电商模式，解决农副产品的储存、运输等问题。"[3]

马来西亚国家新闻社记者阿米鲁尔·宾·穆罕默德·沙加迪在接受国际在线陕西频道采访时表示："虽然是山地，但是这里种植出来的苹果非常好吃。而且柳林镇在苹果产业方面，从

---

[1] 乔建虎：《迷人的延安红 神奇的延安绿——"一带一路"外国主流媒体人眼中的延安》，《延安日报》2019年7月4日第2版。

[2] 同上。

[3] 《构筑陕西国际化新形象"壮丽70年·见证新陕西"——"一带一路"主流媒体聚焦陕西大型采访活动圆满结束》，2017年7月1日，凤凰网（http://sn.ifeng.com/a/20190701/7506354_0.shtml）。

种植到采摘后的分类以及果品的贮藏等都有属于自己较为完整的一套体系,这一点是我最为关注的,同时我也希望我们国家能够学习借鉴这种产业模式,期待未来有更多合作。"①

3. 这里的红色文化真有魅力

"这里的红色文化真有魅力。"参观革命旧址、观看红色演出……"红色"是记者们对延安最深的印象。

在枣园革命旧址,外媒记者们走进窑洞里,仔细观看墙上的照片和桌子上摆放的物品,回顾中国共产党的发展历史,体验红色文化,感受中国红色革命精神。

"虽然我对中国的革命历史了解不多,但通过讲解员的介绍,我了解到枣园是一个具有革命纪念意义的地方。"②马来西亚国家新闻社记者阿米鲁尔·宾·穆罕默德·沙加迪说。

震撼的场景、激昂的音乐、演员们真情流露的表演,红色主题秀《延安 延安》赢得了外媒记者们的阵阵掌声。

"这是一场很有冲击力的表演,非常好看,很震撼。"③来自柬埔寨国家电视台的记者穆可娜说道。

来自斯里兰卡兰卡之镜网站的编辑沙妮卡·贾亚塞克拉说:"这场演出令人印象深刻,灯光与华丽的舞台交相辉映,演员们饱含感情的表演,让观众仿佛回到了故事发生的年代,看到了

---

① 《延安市宝塔区:山地苹果富柳林 外媒记者点赞苹果产业后整理工作》,2019年7月2日,搜狐网(https://www.sohu.com/a/324262710_120045180)。

② 乔建虎:《迷人的延安红 神奇的延安绿——"一带一路"外国主流媒体人眼中的延安》,《延安日报》2019年7月4日第2版。

③ 《【外媒看陕西·延安市】"文化+科技"打造视觉盛宴 外媒记者身临其境感受延安"红"》,2019年7月2日,三秦网(http://www.sanqin.com/2019/0701/426245.shtml)。

中国革命战士们的奋勇抗争。"①

"演员们敬业的表演以及精美震撼的舞台效果，让我们身临其境般地感受到了当时的场景。阿富汗也曾有过类似的历史，所以我感同身受，不过能够看到现在延安人民生活得这么幸福，我很开心。"②《阿富汗时报》副主编赛迪奇·胡赛尼说道。

4. 这里的旅游产业十分繁荣

安塞腰鼓、陕北民歌、剪纸、说书、秧歌……绚丽多姿的黄土风情文化成为延安旅游的新亮点，吸引了记者们越来越多的关注和好奇的目光。

在"圣地河谷"石头铺就的北宋风情南大街上，泰国TNN24电视台记者李秀珍感慨道："眼前的延安和自己印象中的延安完全不一样，我通过很多影视剧和课本知识了解到的延安一直是黄沙漫天，遍布窑洞的景象，可是真正来到延安，惊讶于现代化的建设和旅游景区的建设，真切感受到了这里旅游产业的繁荣发展。"③

在安塞区文化艺术馆，外媒记者们跟随非遗民间艺人一起学习剪纸、民间绘画，并观看了腰鼓表演。阿根廷《金融界报》国际部副主编玛利亚·埃米莉亚·雷沃略表示，剪纸具有很强的创造性，对这种传统文化进行传承和保护，对展示中国名片、

---

① 乔建虎：《迷人的延安红 神奇的延安绿——"一带一路"外国主流媒体人眼中的延安》，《延安日报》2019年7月4日第2版。
② 《【外媒看陕西·延安市】"文化+科技"打造视觉盛宴 外媒记者身临其境感受延安"红"》，2019年7月2日，三秦网（http://www.sanqin.com/2019/0701/426245.shtml）。
③ 《中外记者走进陕旅集团圣地河谷·金延安 探秘大陕北国际旅游集散中心》，2019年7月7日，搜狐网（https://www.sohu.com/a/323931471_120045180）。

树立中国形象具有重要意义。①

"我在这里看见了非常美的风景,也体验了剪纸。剪纸非常难,用剪子剪要非常小心,但是最后出来的形象却很漂亮,这样的传统文化非常值得去体验。"② 来自委内瑞拉南方电视台的编辑索纳利斯·博雷加莱斯体验完剪纸后说。

"延安是一个很漂亮的城市,腰鼓表演也很有气势。巴基斯坦也有类似的表演,在观看腰鼓表演时我好像回到了巴基斯坦,很高兴有这样的体验。"③ 来自《今日巴基斯坦报》的记者比拉尔·艾哈迈德·萨博利说。

(三) 非洲学者的延安感悟

中非友谊源远流长。唐朝的杜环是有史书记载的第一位到达非洲的中国人。同时期,非洲人也来到过唐长安城,有出土的非洲人物陶俑为证。宋元时期,中非之间运送丝绸、茶叶、瓷器、香料的船只交往频繁;明朝的航海家郑和,七次下西洋,其中四次到达非洲的东海岸;15—16 世纪,中国和非洲均遭受过殖民主义的侵略。

新中国成立以来,中国人民全力支持非洲的民族解放运动,双方结下了深厚的革命友谊。1963 年,周恩来总理在访问非洲的时候,提出了中国与非洲和阿拉伯国家相互关系的五项原则,以及中国对外经济技术援助的八项原则。1971 年,第二十六届

---

① 《外媒记者延安行 红色文化迎"七一"》,2019 年 7 月 7 日,国际在线网(https://baijiahao.baidu.com/s?id=1637832960137796521&wfr=spider&for=pc)。

② 《【外媒看陕西·延安市】外媒记者舞起安塞腰鼓 见证延安人民红火日子》,2019 年 7 月 7 日,三秦网(http://www.sanqin.com/2019-07/01/content_426247.html)。

③ 同上。

联合国大会通过了恢复中华人民共和国在联合国的合法权利的提案，这份提案的背后，得益于十余个非洲国家不懈的努力。2018年，致力于共筑中非命运共同体，中非合作论坛北京峰会成功举办。2019年4月中国非洲研究院的成立，对于加强中非交流互鉴，推动中非友好往来，具有深远意义。

延安脱贫，引发非洲学者广泛关注。2019年6月，中国非洲研究院组织来自纳米比亚大学、津巴布韦大学、尼日利亚拉各斯大学、南非塔博·姆贝基非洲领导力研究所、塞拉利昂马克尼大学、博茨瓦纳大学、乌干达马克雷雷大学、坦桑尼亚开放大学等20名非洲学者，组成非洲英语国家学者访华团访问延安；2019年9月，中国非洲研究院与延安大学举办"延安精神与中非治国理政经验交流"国际学术研讨会，吸引了来自南非、尼日利亚、肯尼亚等非洲11个国家的12位专家学者代表参加。在此期间，非洲学者们在延安参观了延安革命纪念馆、杨家岭革命旧址、北京知青博物馆，实地考察了安塞区南沟村生态农业园区，目睹了延安的沧桑巨变，对延安精神的传承与弘扬表示高度赞誉，对延安的退耕还林和生态建设表示一致认可。两次延安之行，非洲学者们有很深的感触。

1. 延安脱贫是全球瞩目的大事

小康不小康，关键看老乡。"没有老区的全面小康，特别是没有老区贫困人口脱贫致富，那是不完整的。"[①] 2015年，习近平总书记在延安主持召开陕甘宁革命老区脱贫致富座谈会时说道。革命老区是党和人民军队的根，没有革命老区贫困群众的脱贫致富，就没有全面小康社会的实现。延安脱贫，体现

---

① 《把革命老区发展时刻放在心上——习近平总书记主持召开陕甘宁革命老区脱贫致富座谈会侧记》，2015年2月16日，新华网（http://www.xinhuanet.com/politics/2015-02/16/c_1114394473.htm）。

了中国共产党全心全意为人民服务的宗旨,体现了中国共产党时刻牢记为中国人民谋幸福、为中华民族谋复兴的初心使命。

正如津巴布韦大学语言学系教授拉斯顿·穆卡洛所指出的:"延安是中国革命的圣地,是毛泽东领导中国革命、指引中国革命走向胜利的地方。毛泽东思想在这里形成、发展到成熟,承载着中国共产党和人民军队奋勇拼搏的厚重历史。因为革命圣地的特殊地位,延安告别绝对贫困,不仅是延安发展史上的一件大事,也是全国乃至全球瞩目的一件大事。一代代中国共产党人带领人民的接续奋斗,在延安开花结果。"[①]

2. 延安精神引领脱贫攻坚方向

延安精神是毛泽东等老一辈无产阶级革命家,在延安和陕北艰苦奋斗13年培育形成的伟大革命精神,是中华民族精神的继承与发展,是中国共产党性质和宗旨的集中体现,是中国共产党最宝贵的精神财富。新中国成立70多年来,尤其是改革开放40多年来,延安人民发扬自力更生、艰苦奋斗的精神,创新发展理念,转变发展方式,经济社会发展取得了巨大成就,人民生活水平有了极大提高,城乡面貌发生了翻天覆地的变化。如今,延安人民以延安精神为引领打赢了脱贫攻坚战,走上了全面小康的康庄大道。

尼日利亚拉各斯大学经济学系教授、尼中发展研究院院长奥卢费米·赛布表示,自己通过实地参观和考察了解到,延安时期,中国共产党带领边区人民开展"自己动手,丰衣足食"的大生产运动,战胜了种种困难和艰险。延安时期,毛泽东、周恩来、朱德、刘少奇等党政军领导人也率先垂范、身体力行,

---

[①] 陆航:《学习延安精神 借鉴中国经验——2019年非洲英语国家学者访华团访问延安侧记》,《中国社会科学报》(社科院专刊) 2019年8月23日第3版。

树立了与人民群众同甘共苦的道德风范。在中国共产党内普遍形成了艰苦奋斗的工作作风，密切了党群关系，赢得了人民的拥护和支持。自力更生、艰苦奋斗，全心全意为人民服务成为延安精神的重要标志。①

赞比亚大学副校长帕特丽夏·薇拉认为，延安，不仅是一座城，更是一种精神。延安精神如同永不熄灭的窑洞之火，不仅照耀着延安脱贫攻坚战的冲锋方向，而且也将照耀着中国走向民族复兴。②

3. 绿色发展创造延安发展奇迹
（1）生态文明理念获得高度赞誉

延安，中国退耕还林第一市。在经济社会发展过程中，延安市树立了尊重自然、顺应自然、保护自然的生态文明理念，走出了一条生产发展、生活富裕、生态良好的可持续发展道路。实施退耕还林20年来，延安的山川经历了由黄到绿、由绿变美、由美而富的历史性变化。

南非人文科学研究理事会出版社主任杰里米·威特曼表示："中国在环境和生态保护方面做得非常好，无论山上、田野里，还是街道上，到处都是绿树成荫，我去过世界上许多国家，中国是我见过的最绿色的国家之一。"③ 他认为，党的十八大将生态文明建设纳入"五位一体"总体布局，党的十九大将生态文明及其建设明确置于"新时代中国特色社会主义思想"的宏大

---

① 陆航：《学习延安精神 借鉴中国经验——2019年非洲英语国家学者访华团访问延安侧记》，《中国社会科学报》（社科院专刊）2019年8月23日第3版。
② 同上。
③ 吴传华：《非洲专家学者盛赞70年"中国奇迹"与中国道路》，2019年9月29日，中国非洲研究院网站（http://cai.cssn.cn/xjdt/201909/t20190929_4979305.shtml）。

理论体系之下，并对生态文明建设目标做了"三步走"的中长期规划。中国共产党在治国理政实践中提出了一系列关于生态文明制度建设的新理念、新思想、新战略，建立了生态文明制度体系，中国在社会主义生态文明制度建设与实践探索中取得了显著成就。

（2）生态建设模式获得普遍认可

"延安市在退耕还林的过程中，逐步探索出以恢复和治理生态环境为中心的综合治理，形成'封、改、退、还、建'以及'四结合'等多位一体的生态建设新模式，确保了退耕还林（草）工程积极稳妥地向前推进。'封'就是封山禁牧，防止人为破坏，充分依靠自然界自身的修复能力恢复植被。'改'就是改良品种，改变饲养方式。'退'就是将25度以上的低产坡耕地都退了下来。'还'就是将退耕地和荒山荒地还林还草。'建'就是建设高标准基本农田，根据当地区域不同特点，确定基本农田建设标准。"延安市安塞区委宣传部部长刘旭东这样介绍。[①]

在退耕还林政策实施以来，延安市根据各地特色，形成了各具特色的产业种类。畜牧业作为延安当地的传统产业，成为退耕还林后潜力较大的新产业，当地人民依靠养羊脱贫致富。紫花苜蓿、沙棘、沙打旺等种植面积的扩大、生产能力的提高，既有保持水土和改善生态的功效，又为发展养殖业提供了丰富的绿色原料。苹果、红枣等林果业的发展是延安的重要支撑产业，洛川苹果、延川红枣成为国内外驰名商标，被广大消费者所认可。延安市大量的农民从传统的农业生产转为特色农业和精品农业，获得了更高的经济收益。退耕还林后的新兴产业，

---

① 陆航：《学习延安精神　借鉴中国经验——2019年非洲英语国家学者访华团访问延安侧记》，《中国社会科学报》（社科院专刊）2019年8月23日第3版。

实现了社会效益、经济效益和生态效益的统一。

延安市政府还按照"民营、民建、民管"的原则，培育和发展了一批产业化经营的龙头企业，组建各类流通中介组织和专业合作组织，提高农产品生产、加工、运输和销售等环节的组织化水平以及与市场对接的能力，真正使农村主导产业成为退耕后农民增收的主渠道。

非洲学者们对陕北的退耕还林（草）和中国的绿色发展道路给予高度评价，认为陕北延安把退耕还林（草）与生态产业发展有机结合起来，探索出多位一体的生态建设新模式，成为全球生态文明建设的样本。

（3）生态建设成效获得一致好评

绿水青山就是金山银山。安塞区南沟村以前是一个位置偏僻、道路狭窄、通信不畅的贫困村。脱贫攻坚开展以来，南沟村经过调研规划，大力发展乡村旅游，在村上建起了集现代农业、生态观光、乡村旅游为一体的生态农业示范园区，成为全市乡村旅游示范村、全国旅游扶贫示范村。南沟村整体面貌发生了翻天覆地的变化，南沟村的贫困户也顺利实现了脱贫致富。

非洲学者在对安塞区南沟村进行实地考察的过程中，看到昔日的贫困村通过苹果种植、湖羊养殖、薰衣草观光等发展举措，将水土涵养与退耕退牧还林的生态效益有效转化为现代农业与生态观光的经济效益，成功实现了本村整体脱贫，他们对南沟村生态建设和精准扶贫成就予以高度赞誉。

非洲社科理事会前副主席福埃教授欣然为南沟村题词，"假如人间有天堂，天堂就在南沟！"[1] 福埃教授早在40年前的学生

---

[1] 《非洲代表团参观延安革命纪念馆、南沟水土保持示范园》，2019年9月25日，搜狐网（https://www.sohu.com/a/343322011_617730）。

时代就读过法文版《毛泽东选集》，一直关注中国的发展，曾多次访华。他非常感慨地说道："上世纪 70 年代之中国还是一个贫穷落后的国度，如今之中国则成为一个繁荣富强的国家，绿色发展创造了人类历史上的发展奇迹！中国的实践和经验表明，一个国家要实现现代化可以有很多途径，而保护好环境是一笔巨大财富，在这方面要感谢中国。"①

中国的青山绿水、蓝天白云给非洲学者留下了非常深刻的乃至"颠覆性"的印象。乌干达马克雷雷大学教授高德弗里·阿基林表示："以前听说中国的污染、雾霾非常严重，人们出门都要戴口罩，但是到中国后发现完全不是这么一回事，无论北京还是延安都是蓝天白云。这完全得益于近年来中国大力保护环境、治理污染的政策，习近平主席关于'绿水青山就是金山银山'的思想通俗易懂却富含哲理，是放之四海而皆准的重要思想。"②

4. 延安脱贫经验值得非洲国家借鉴

延安在扶贫方面取得的成功经验给非洲学者带来很多启发，非洲学者纷纷表示希望开展更多的合作。

在目睹中国共产党治国理政的实践经验，亲身领略中国现代化建设的伟大成就之后，纳米比亚大学人文社会学院院长嘉洛斯·堪齐拉表示："非常荣幸能在新中国成立 70 周年的特殊年份来到中国，来到延安。延安在党建、环保、扶贫等领域的好经验好做法非常值得我们学习和借鉴，中国发展道路就是非洲国家发展的未来和希望。今后我会积极推动双方加强交流，

---

① 吴传华：《非洲专家学者盛赞 70 年"中国奇迹"与中国道路》，2019 年 9 月 29 日，中国非洲研究院网站（http://cai.cssn.cn/xjdt/201909/t20190929_4979305.shtml）。

② 同上。

在共赢的基础上寻求合作机会。欢迎延安人民去非洲旅游、投资！"①

非洲英语国家学者访华团成员、津巴布韦《先驱报》高级记者、专栏作家莫妮卡·潘巴瓦希表示："中国的发展经验是人类发展的宝贵精神财富，也是非洲国家'向东看'的重要内容。包括中国和非洲在内的广大发展中国家一直在探索适合本国国情的发展道路。中国模式为非洲国家选择符合自身发展条件的发展道路提供了新的选项，中国在精准扶贫、环境保护、基础设施建设、工业化进程、改革开放等方面的经验，非常值得非洲国家借鉴。"②

---

① 陆航：《学习延安精神 借鉴中国经验——2019年非洲英语国家学者访华团访问延安侧记》，《中国社会科学报》（社科院专刊）2019年8月23日第3版。

② 同上。

二 延安减贫的四个阶段

历史上的延安，战争频发，贫穷落后。从20世纪30年代到今天，延安的减贫步伐从未停歇，延安的发展不断变模样。1937年的延安城内只有几千人，延安地域里的人民一贫如洗。中国共产党的到来，使得延安一步步变为中国革命的圣地，延安人民"自己动手，丰衣足食"，使得延安有了"陕北的好江南"。1949年，新中国成立之后，延安农业出现新景象，工业体系初步建成。1978年以后，延安借助改革开放的春风，道路交通快速发展，生态农业初步发展，工业发展焕发活力，延安减贫初见成效。2012年以来，延安走上精准扶贫之路，推出"八个一批"脱贫工程，产业扶贫、易地搬迁、危房改造、生态补偿、教育支持、就业创业、医疗救助、兜底保障扶贫效果显著，同时适时开启乡村振兴战略，延安减贫取得了决定性胜利。

（一）历史上的延安：战争和贫穷相伴而行

延安在中国的西北部，陕北黄土高原的中部。这里是华夏民族文明发祥地，也是中国革命的圣地。这里孕育了炎黄子孙，造就了革命英雄，汇聚了璀璨文化。三山相围，二水环绕的延安是一座享誉中外的名城。

1. 延安故土上的芸芸众生

延安，华夏文明的发祥地。当人类在蒙昧时期艰难摸索时，延安这方故土就有了灵长的"人"向这片神奇的土地发起挑战。他们在树枝攀缘采摘中练就了直立行走的特性，在这片黄土地上开启了人类生命的第一次有意识的实践。在这一片见证人类文明发祥、延续人类文明精神的黄土地上，流传起轩辕黄帝南征北讨立国兴邦的史说，大禹治水三过家门而不入的佳话，杜甫流离转徙的赋诗吟诵，范仲淹延州御敌的英雄气概，更孕育了共产党人延安时期的奋发图强。延安这片热土煌煌千万年，走过的是历史，留下的是文化。这片故土继往开来地孕育着一代又一代的炎黄后世，映现着延安昔日的灿烂，昭示着延安未来的辉煌。

2. 自古兵家必争之地

延安地处交通要塞，扼据"秦地锁钥"，自古以来就是兵家必争之地。在数千年的历史长河里，延安联通了边郡与内地之间的关系，促进着民族间的交往，是金戈铁马驰骋的要地。自殷商时期直至明清时期，延安一直被作为西北的军事重镇，统治者在此屯兵驻防，兴学修堂，扶稼农桑。1935年10月，中共中央率领的中央红军历经千辛万苦走完二万五千里长征，辗转落脚陕北，之后又奠都延安。从此，延安成为中国革命的圣地，为中国革命作出了巨大贡献。全国抗战时期和解放战争时期，延安人民养育了十几万红色的军队，数万名延安子弟血洒疆场。重要的军事战略地位不仅使延安饱经锤炼，造就了一批批革命英雄，同时也给延安的生态带来了严重的影响，制约了延安的发展。

3. 曾经苍凉贫穷的延安

"万里遨游，百日山河无尽头。山秃穷而陡，水恶虎狼嚎，四月柳絮抽，山花无锦绣，狂风阵起哪辨昏与昼。因此上把万紫千红一笔勾。"《延安地区志》记载，古代延安地区干旱洪涝频发，当地人民疾苦难耐。近代以来更是由于国家衰落、社会动荡、官员腐败，导致延安苍凉、贫困、落后。尽管延安石油资源丰富，在汉代已被发现并利用，但由于科学技术落后的原因，在1905年进行开采后，每月的出油量也仅有3锅，从事石油工业生产的人至多仅有百余人。

1936年，埃德加·斯诺作为历史上第一个到中国红色区域进行采访的美国新闻记者，怀着无数的疑惑专程到西北地区，与中共领导下的红军共同生活了4个月。斯诺在《红星照耀中国》一书中写道："陕北是我在中国见到的最贫困的地区之一，即使包括云南西部在内也是如此。……在陕西，一个农民有地可以多达一百亩，可仍是一贫如洗。"[①] 延安的贫穷使斯诺大为惊叹：居民个个面黄肌瘦，店门紧闭，货架空空，市面萧条，食物很少，价格高昂。

当时的延安乃至整个陕北地区的自然条件十分贫瘠，人民生活仍旧困苦。除此之外，延安地处黄土高原，沟壑难平，植被稀少，黄沙漫天。斯诺看到后写道："陕西的农田可以说是倾斜的，有许多也可以说是滑溜溜的，因为经常发生山崩。……很少有真正的山脉，只有无穷无尽的断山孤丘，连绵不断，好像詹姆斯·乔伊斯的长句，甚至更加乏味。然而其效果却常常像毕加索一样触目。"[②]

[①] ［美］埃德加·斯诺：《红星照耀中国》，人民文学出版社2017年版，第61页。

[②] 同上。

（二）1935—1949 年：中国共产党带给延安希望

1935 年 10 月，红军长征从江西瑞金一路到达陕北后，开启了一系列伟大探索，为延安带来新的生机。1937 年，中共中央由保安（今延安志丹县）迁至延安，陕甘宁边区政府在延安成立，陕甘宁边区面积 12.9 万平方公里，人口 200 万[①]，但当时延安城内只有几千人。"饭铺只有四五家，使用着木头挖成的碟子，弯的树枝做成的筷子；商店没有招牌，买错了东西很难找到原家去换，因为它们有着同样肮脏同样破旧的面貌。"窑洞是延安最具特色的建筑，本是冬暖夏凉，但是由于连年暴雨灾害使得窑洞里常常漏雨、潮湿，经常要七八个人挤睡在一个窑洞土炕上，只铺一层茅草隔湿气，往往挤得难以翻身。

延安是中国人民抗战的总后方，常年的战争创伤和自然灾害曾使延安人民缺衣少粮。面对这样的困难，延安人民在中国共产党的领导下，奋发图强、努力生产，用勤劳的双手，使原本荆棘遍野、荒无人烟的延安变得生机勃勃、绿意盎然。

1. 进行大生产运动，延安粮食变多了

陕甘宁边区政府重视延安地区贫穷落后的问题。从 1941 年开始，延安父老乡亲以及陕甘宁边区几万工作人员，一面坚持战斗、工作和学习，一面开荒、种地、纺线和织布，形成了人不分男女老少，地不分东南西北，都迅速行动起来的局面。轰轰烈烈的大生产运动开展后，延安的粮食变多了，环境变好了。

---

① 《9 月 6 日：陕甘宁边区政府在延安成立》，2012 年 9 月 6 日，新华网（http://www.xinhuanet.com//world/2012-09/06/c_123678432.htm）。

1937年，延安地区耕地面积为862.6万亩，到1945年就增加到1425.6万亩，8年时间翻了近一番。粮食产量也从1937年的126万石增加到160万石，① 增长27%。矿井和原始工业开始发展，工业和合作社可以满足老百姓的许多需要，货架上摆满了延安人民日常所需的生活用品。1941年，陕甘宁林务局成立后，在延安南三十里铺设立第一实验林场，在万花山设立第二实验林场，在杜甫川建立苗圃一处，占地面积1公顷。1942年，又在光华农场育苗0.47公顷，基本满足了延安城周边地区的造林需要。植树造林改善了延安的生态环境。

2. 开办窑洞合作社，延安群众有钱了

1936年12月，刘建章等人在延安南区创办了延安县第一个消费合作社。起初，由于生活条件实在艰难，农民对入社并不感兴趣，刘建章说："老百姓不懂得什么办合作社的大道理，他们只懂得能帮助他们解决日常用品的需要，能帮助他们省钱，最好能帮助他们赚钱。"② 因此，刘建章自己借钱去购买食盐、火柴、布匹、针线等生活用品，然后挑起扁担翻山越岭走街串巷的叫喊贩卖并向群众宣传，渐渐的有160人入股合作社，每股规定3角（苏票），收入股金159.9元，③ 合作社初见规模。

1937年2月，南区合作社营业部正式成立。同年3月，刘建章被选为南区合作社主任。在之前贩卖的基础上，南区合作社放手买货，发展股金，很快就在第二期结算时有了969元股金。④ 随后的两年时间内，南区合作社先后设立了骡马店、饭店，新建了营业部和分销处，试办了信用合作社，还开办了几

---

① 李智勇：《陕甘宁边区政权形态与社会发展（1937—1945）》，博士学位论文，华中师范大学，2001年。
② 马朝琦：《话说延安精神》，陕西人民出版社2019年版，第303页。
③ 同上书，第299页。
④ 同上书，第300页。

个小型工厂，兼营生产事业。1939年，延安县南区合作总社成立，第一个窑洞合作社诞生了。

可是创办合作社并不是一帆风顺的，1942年一场特大洪水将合作总社冲得一干二净，窑洞垮塌了，货物冲散了，连牲口也淹死了。在如此困难的条件下，南区合作总社仍然坚持为群众的利益着想，积极组织妇女开办织布厂满足穿衣需求、组织运输队方便群众运盐、用低廉的价格向群众供应吃的用的。只要是群众有需要的，南区合作总社都会尽可能地满足，实实在在为群众做打算，为群众服务。

3. 自己动手、丰衣足食，延安有了好光景

南泥湾位于延安城东南45公里处，一首《南泥湾》从这里响遍中国大地，《南泥湾》唱出了南泥湾的繁荣景象，更是唱出了延安人民摆脱贫困重获生机的喜悦之情。

花篮的花儿香　听我来唱一唱　唱一呀唱
来到了南泥湾　南泥湾好地方　好地呀方
好地方来好风光　好地方来好风光
到处是庄稼　遍地是牛羊
当年的南泥湾　到处呀是荒山　没呀人烟
如今的南泥湾　与往年不一般　不一呀般
如今的南泥湾　与往年不一般
再不是旧模样　是陕北的好江南
陕北的好江南　鲜花开满山　开呀满山
学习那南泥湾　处处呀是江南　是江呀南
又战斗来又生产　三五九旅是模范
咱们走向前呀　鲜花送模范

1941年，陕甘宁边区蓬勃发展，遇到的问题也愈来愈多。

连绵不断的战事和严重的旱、病、冰、雹、风五大灾害严重侵袭每一个县,使得粮食供应严重不足,"把老百姓搞得相当苦,怨声载道,天怒人怨"。面对这种情况,党中央和边区政府积极考虑扩大生产、保障粮食供应的问题,毛泽东明确发出了"自己动手,丰衣足食"的号召。

1941年3月12日,为克服因战事以及自然灾害造成的困难,中共中央发出了开展大规模生产运动的号召。位于延安南大门的南泥湾曾经是一个人口稠密的地方,可是后来因为战乱变得人烟稀少、鸟兽出没。三五九旅王震旅长亲自带队,率部开进南泥湾。他说,"即使有天大的困难,也能够战胜它!"面对极其艰苦的自然条件,战士们提出要"在深山密林安家,向荒山野岭要粮"的口号,最终在1942年成立了南泥湾垦区政府。

1942年,南泥湾开垦荒地达2.5万亩,种粮食2万亩,蔬菜5000亩,生产自给率达到61.55%。1943年,南泥湾种植面积达10万亩,收获细粮1.2万石,洋芋、南瓜等折合粮食3000石,蔬菜收获590多万斤,生产自给率达到100%。[1] 到1944年,三五九旅共开荒种地26.1万亩,收获粮食3.7万石,养猪5624头,上缴公粮1万石,达到了"耕一余一"。[2]

三五九旅指战员自力更生、艰苦奋斗换来了南泥湾的巨大变化,一排排窑洞、一幢幢新房、一片片耕地,见证了中国共产党为中国人民谋幸福、为中华民族谋复兴的奋斗历程。

4. 创办革命教育,爱国青年纷纷来到延安

延安自然条件艰苦,物质贫乏,但"这里没有尔虞我诈,

---

[1] 曹瑞、强继霞:《如今的南泥湾处处好风光》,《陕西日报》2018年9月11日第12版。

[2] 马朝琦:《话说延安精神》,陕西人民出版社2019年版,第277页。

没有钩心斗角，有的是团结友爱、互相帮助"。这里有最自由的空气、最宽广的土地、最朴实的人，有延安人的快乐生活。延安虽然只是一个在黄土高坡上的小城，但却是当时中国最大的教育中心之一。物质的匮乏、战事的扰乱并没有阻碍延安的教育和新文化的广泛产生。

1937年6月，中国共产党将1931年在江西瑞金创办的中国红军学校扩建并迁到陕北延安，改名为中国人民抗日军政大学（简称抗大）。抗大主要招收中国工农红军高级干部，目的是培养军事和高级干部。后来，大批爱国青年从中国各地来到延安，一所抗大已经不能满足需要，中国共产党就创办了一所具有统一战线性质的干部学校——陕北公学。同年8月，陕北公学开始招收中国各地及海外华侨青年入学。这里的学生有工人，有农民，有十几岁的青年，也有年过半百的老人。陕北公学提倡和发扬"忠诚、团结、紧张、活泼"的校训，不仅教授军事政治课程，同时也开设社会科学，让全体师生自力更生，自己动手，开荒挖窑洞。

随着经济和社会的不断变化，延安妇女也开始逐渐接触现代社会，许多妇女被选进村和镇的委员会，大量的年轻姑娘担负起重要的政治和军事任务。

在延安，你能听到最多的是歌声，就连斯诺也赞叹这里的人们是世界上拿薪水最少但最快乐的一群人。物质的贫乏并没有阻碍精神的丰富，1938年鲁迅艺术学院成立，为这片荒凉的土地带来了艺术的生机。哪里有人哪里就有歌声，延安成了歌声的海洋。除了歌声，舞蹈也是延安生活必不可少的重要内容。前有交际舞，后有大秧歌，都为延安人民所喜爱。虽然只能穿着布鞋和草鞋伴随着单调的音乐，但是每每举行文艺团体聚会时，总是人山人海，歌声鼎沸，洋溢着火热的喜悦气氛。

（三）1949—1978年：新中国使延安换新颜

1947年3月，中共中央撤离延安。1935年10月到1949年3月，中共中央在延安和陕北战斗了十三个春秋，延安完成了其作为人民革命指挥中心的历史使命。1949年10月，中华人民共和国成立，延安开始了经济社会全面发展之路。中共中央在延安和陕北的十三个春秋冬夏，不仅仅是取得了抗日战争、解放战争的胜利，更是培养了光照千秋的延安精神。在延安精神的熏陶下，延安摆脱了贫困，建设了美好生活。

1. 延安农业新景象

1949年，延安市的经济总量为3431[①]万元，仅占陕西省经济总量的3.43%，经济基础极为薄弱。加之曾是国民党统治区的延安地区自然灾害频发，"靠天吃饭"现象依旧明显。1950年10月，宜川、洛川、黄龙、黄陵4县的土改陆续完成。随后，延安地区积极响应国家"克服农村中的分散经营，引导农民走互助合作道路"的号召，"将互助合作当一件大事"去做，将个体、分散的农民组织起来，大力开办农业生产合作社，有效提高了农业生产水平。1954年，延安地区共有初级社259个，入社户占总农户的3.6%，随后延安掀起升级扩社的高潮，在广大农民的支持下，1957年，延安加入高级社的农户达15.41万户，占总农户的95.2%。[②]

[①]《新中国成立70周年延安经济社会发展成就》，2019年7月11日，延安市人民政府网（http://www.yanan.gov.cn/gk/tjxx/tjfx/388586.htm）。

[②] 延安市地方志编纂委员会：《延安地区志》，西安出版社2000年版，第193页。

发展水利事业，防御自然灾害。1950年起，陕西省政府提出"以最大的努力恢复和发展农业生产为主"的工作方针。针对延安地区干旱少雨的气候特征，1954年，在志丹建成全区第一座水库——腰子川水库。水库有效库容20万立方米，可灌溉面积达150亩。1972年10月，延安地区第一大水库、陕西省第三大水库——王窑水库竣工，水库容量2.03亿立方米。水利事业的发展使得延安地区的灌溉面积不断增长，不仅保证了粮食产量，而且还有效地防御了自然灾害的发生。

推广"两法"种植，有效提高粮食产量。延安地处黄土高原丘陵沟壑区，广种薄收，农产品总量一直不高。20世纪60—70年代，延安地区夏秋两季粮食亩产至多只有90公斤。为进一步提高粮食产量，延安积极创新全区农业耕作制度，推广了在川、台、坝地上实行垄沟种植和在山地上实行水平种植的"两法"种植。"两法"种植可以根据耕地的状态，对水、土进行有效保护，实现了川、台、坝地和山坡地的稳产和高产。1977年推广10万亩，1980年推广"两法"种田达26万亩，全市粮食产量从1975年的1亿斤提高到1.3亿斤。[①] 除此之外，延安群众还将粮豆套种，在高粱或玉米地里种豆类作物，有效提高了粮食产量。川地作垄沟种植的玉米平均每亩增产54.45公斤，山地水平沟种的谷子平均每亩增产66.45公斤。

延安农业初步发展，贫困发生率依然很高。虽然延安一直在积极摆脱战争创伤和自然灾害的影响，但是那个年代的延安人民仍旧过着山河依旧、面貌未变，"吃粮靠返销，花钱靠救济"的穷生活。1973年，延安已有14个县，130万人口，但是科技水平不高和自然灾害的影响使得延安当时农民人均产粮不

[①] 葛明德：《延安市推广"两法"种田的调查报告》，《陕西农业科学》1981年第4期。

足50公斤，农民人均纯收入仅有53元，每年吃国家返销粮①约1.8万吨，用救济款近600万元，贫困发生率高达97.5%。② 据统计，当时的延安地区有三分之一农民吃糠，还有一部分农民连糠也吃不上。1977年7月，延安地区普降暴雨和大暴雨，洪水流量8600立方米/秒，造成延安地区直接经济损失5800万元，③ 使得本就困难的延安雪上加霜。

2. 延安工业初建成

20世纪30年代的延安人只懂得面朝黄土背朝天，对"工业"二字缺乏了解或者说闻所未闻。直到1942年，在边区政府的指导下，延安地区的工业有了发展。但当时主要是以现有的各种手工业为主，目的是供给群众自己使用。因此在新中国成立初期，延安全市只有丰足火柴厂、新华化工厂、新华陶瓷厂等8户小型工业企业，固定资产不足百万元，职工总数不到200人，全部工业总产值仅81万元。④ 之后，延安建起了一座座厂房，生产出了一件件产品……沉睡了千年的黄土地苏醒了、喧闹了、沸腾了。到1960年，延安市工业总产值达到1900.8万元，比1949年增长159倍，是60年代工业生产发展的高峰。潮起又潮落，随着国民经济的调整、整顿，工业生产总值又徘徊

---

① 国家返销粮：国家向农业生产经营单位销售的粮食。狭义指国家向农村缺粮地区（如因自然灾害带来粮食歉收或贫困落后地区没有能力达到粮食自给，或因国家征购粮食过头等）当年返销给农业生产单位的口粮、种子和饲料粮。

② 申均明：《延安：山丹丹开花红艳艳》，《延安日报》2020年4月19日第1版。

③ 延安市地方志编纂委员会：《延安地区志》，西安出版社2000年版，第45页。

④ 《新中国成立70周年延安经济社会发展成就》，2019年7月11日，延安市人民政府网（http：//www.yanan.gov.cn/gk/tjxx/tjfx/388586.htm）。

在1000万元以内。① 1972年，延安地区计委、工业局、财政局、延安电厂、八一铁厂等13个部门单位参加会议，要求相关单位就运输问题、资金问题、供水问题、物资供应和技术力量等方面全面予以配合，把钢厂投产作为延安工业生产中的大事去做，共同发展钢铁企业，为支援工农业生产做出贡献。到1978年，延安冶金工业累计生产钢26487吨，钢材30637吨，铁5万吨。②

各领域工业全面发展，延安工业体系初步建成。1970年起，延安开始建设16个重点工业企业，涉及建材、冶金、烟草、纺织等领域，进一步形成了延安的工业体系。1970—1973年，延安地区水泥厂相继建成投产，截至1978年延安共有19个建材企业，年产值348万元，实现利税82.4万元。③ 1970年3月，延安县（今宝塔区）在南泥湾筹建卷烟厂。1974年，延安卷烟厂建成首座新厂房，可供2万箱生产能力，年产值达431万元，实现利税290万元。④ 在国家的扶持下，延安纺织工业发展迅速。1970年起先后建立起毛纺厂、丝绸厂、色织布厂、麻纺厂和针织厂等5个纺织企业。1978年时纺织企业年产值可达419.49万元。⑤

煤炭石油工业初放光彩。尽管延安煤炭石油资源丰富，但是由于当时客观实际情况和科学技术的落后，在初期并未形成规模。1952年，煤炭和化学工业、重工业产值仅有1.4万元，

---

① 《可爱的延安》编委会：《可爱的延安》，陕西人民出版社1996年版，第121页。

② 延安市地方志编纂委员会：《延安地区志》，西安出版社2000年版，第341页。

③ 同上书，第342页。

④ 同上书，第349页。

⑤ 同上书，第351页。

占工业总产值的3%。① 为了充分利用延安地区的煤炭资源，1953—1957年，中国共产党开始对延安所有私营小煤窑进行社会主义改造，创办了一批国营煤矿。20世纪50年代至70年代，延安石油工业取得了巨大成绩。自1950年起，延长油矿在各地区开始了石油钻探开发工作，加上石油工人的埋头苦干，在1956年收获原油总产量23325吨，平均每年增长56.47%。② 20世纪60年代初，中国三年困难时期，面对严重的自然灾害和困难局面，全矿职工排除万难，仍旧年年超额完成计划，原油生产水平一直保持万吨以上。1973年起，延长油矿不断创新工艺，降低开采成本，增加原油产量，为国家节约资金。

1949—1978年，延安地区现代工业体系初步建立，并得到一定程度发展。但是由于当初许多工业是在国家投资、异地援助以及银行贷款的基础上建设起来的，产能投入十分不足，技术革新也十分缓慢。加之经营水平有限，并没有形成规模效益，因此未能给全区带来较高的经济效益。1970—1978年，延安地区平均每年工业亏损近1000万元，地方财政的全部收入都不足以弥补工业亏损。延安工业起步艰辛，奋斗历程坎坷，严酷的现实摆在延安政府和所有群众面前。作为全市经济的主导，工业发展只有前进，没有退路。

（四）1978—2012年：改革开放唤醒延安活力

创造过英雄史诗的热土同样会创造出自己崭新的现代化。1978年的改革开放让中国社会经历了一次伟大的历史转折，从

---

① 《宝塔区工业历史（1）》，2012年10月23日，三秦游综合网（http://www.sanqinyou.com/lishi/info/1210231450488836.html）。

② 梁严冰：《20世纪50年代以来陕北经济变迁研究》，博士学位论文，西北大学，2011年。

计划走向市场,从封闭走向开放。沐浴着改革开放春风的延安,发展交通运输业,摆脱了交通闭塞的历史;掀起波澜壮阔的"绿色革命",发展了生态农业;调整了工业结构,扭转了工业亏损。从改革开放到2012年党的十八大前,延安人民发扬延安精神,调整经济结构,深化体制改革,推动农业生产,转型工业体系,在提升经济发展水平的同时打造绿色生态环境,延安人民在黄土地上大步流星地创造着新的辉煌。

1. 要想富先修路

延安地处黄土高原,地貌独特,落后的交通严重制约经济发展。1949年延安地区仅有3辆民用汽车,公路通车里程仅380公里。[①] 到1978年,延安共有各级公路5439.8公里,[②] 均为三级以下公路,且为低标准的渣油路面,大部分公路还是土路面。在延安人的记忆里,出行是最不方便的。当时想要从延安去一趟省城西安,必须要在铜川中转住一晚。

结束没有二级公路的历史。20世纪90年代以来,随着改革开放的深入和市场经济的发展,延安拉开了路网项目升级改造的序幕。1996年,210国道延安以南80公里开始改造。1999年嘉陵桥至流水沟相继开工建设。这条延安交通运输的国道主动脉终于旧貌换新颜,延安结束了没有二级公路的历史。

结束没有高速公路的历史。2001年,铜川至黄陵高速公路通车,结束了延安没有高速公路的历史。2002年黄陵至延安高速公路开工建设,2003年靖安高速延安段开工建设……青兰高速、包茂高速相继通车,一条条高速公路的开工建成,进一步

[①] 《新中国成立70周年延安经济社会发展成就》,2019年7月11日,延安市人民政府网(http://www.yanan.gov.cn/gk/tjxx/tjfx/388586.htm)。

[②] 远村:《延安交通快速发展 革命老区再创辉煌》,《陕西日报》2010年12月31日第12版。

缩短了延安与外界的距离,迎来延安经济发展的高速时代。

结束没有铁路线路的历史。延安交通运输的发展不仅限于公路的修建与开通,还有铁路的建设、开通和延伸。1973年,由西安城东新丰镇沿洛河左岸至延安的"西延铁路"开始修建,正线全长334公里。至此,延安结束了没有铁路的历史。西延铁路的修建是十分波折的,修修停停、停停修修,直至1994年7月31日才全部建成。随后,延安加快了铁路线网的修建,神延铁路、包西铁路复线、延安火车站改扩建等项目先后建成投入使用。2004年1月,正式交付运营贯穿陕西南北铁路大动脉,号称"陕西脊梁"的神延铁路,全长382.4公里,对开发延安地区煤炭、石油资源,加快贫困革命老区经济发展有着极为重要的意义。

公路、铁路的修建与开通不仅方便了延安人民的出行,更加速了延安经济的发展,促进了红色旅游事业的发展,让延安与世界相联通。

2. 生态农业初步发展

改革开放不仅为延安带来了四通八达的交通运输网,更为延安带来了绿色生态和农业新发展。新中国成立以后的很长一段时间,延安曾一味追求粮食产量和经济效益,使得本就自然灾害频发的延安生态环境愈发恶劣。为试图改造穷山恶水,一代又一代延安人民植树造林,打坝筑堤。但是由于缺乏整体规划和综合治理,收效甚微,农业生产反而陷入了广种薄收的恶性循环,延安人民仍旧在温饱线上徘徊。

治理荒山,绿化全市。"穷在山,富在山,希望也在山",在延安城区(今为延安市宝塔区)3556平方公里的土地上,延安人民苦苦寻找可以改变延安现状的出路。宝塔区李渠镇庙沟村成为治山治水的典型。过去的庙沟村"靠山无柴烧,种田不够吃,过年没面吃,光棍四处跑"。1978年前,一个劳动日只值几毛钱，一半以上的人曾有过逃荒要饭的经历。1984年，庙沟村坚持"退耕还林，瓜果致富"的农业开发之路。到1990年，庙沟村退耕5000多亩，发展苹果2300多亩，用材林3000亩，人均产粮由240公斤提高到610公斤，人均收入由121元增加到1220元①，一举甩掉贫困帽子，达到小康水平。

庙沟村的成功示范为延安摆脱贫困昭示了新的方向。延安农业要发展，延安农民要脱贫致富，就必须要走一条符合延安实际的生态农业之路。1991年，延安政府提出5年治理荒山，10年绿化全市的"735"工程规划（退耕77万亩陡坡地，抓好300亩农田、人工林和优质草地，建成50万亩苹果基地），目的就是让延安人民富起来，延安山水绿起来，延安经济社会繁荣起来。绿色工程为延安赢得了"全国植树造林绿化先进单位"称号，同时被确定为中国50个生态农业建设重点县（市）之一和全国生态示范区。祖祖辈辈面朝黄土背朝天的延安人民，终于在黄土高原上谱写了绿色发展的新篇章。

积极发展苹果种植。改革开放之后，延安还积极发展林果业种植。"洛川县苹果"经过多年的发展，已成为驰名中外的品牌。1985年，延安地区苹果种植主要分布在洛川、富县等地，年产量8600万斤。② 20世纪90年代之后，延安力求建成百万亩优质苹果基地，人均经济林果达到2亩，建设2—3个苹果专业县，在洛川、黄陵、宜川、宝塔区四县区的基础上，分别把安塞、延长、延川建成苹果基地③，其中洛川被誉为"世界苹果之乡"。到2008年，洛川县苹果种植规模达到50万亩，人均3.1

---

① 《可爱的延安》编委会：《可爱的延安》，陕西人民出版社1996年版，第111页。

② 岳珑：《结构！结构！20世纪陕西经济结构研究》，陕西人民出版社1999年版，第234页。

③ 孙志明：《延安特色经济》，陕西人民出版社2000年版，第48页。

亩。2007年以来，全县苹果总产量达到56万多吨，总收入12亿元，优果率78%，农民人均苹果收入3810元。①

积极发展花椒和核桃种植。1978年以来，宜川县不断扩大花椒种植规模。2004年，宜川县花椒总产533亩，产值达640万元。② 黄龙县则是著名的核桃生产基地，1997—2007年，黄龙县把核桃产业作为龙头产业，年核桃总产1500吨，实现产值3000万元。2001年，黄龙县被国家林业局命名为"中国核桃之乡"。2008年，黄龙县核桃种植面积达13.8万亩，农民人均4.2亩。③

生态农业、经济林果、家庭联产承包制使延安农民生产积极性空前高涨，粮食产量大幅增高。2010年，延安市农林牧渔服务业总产值达到128.36亿元，是1978年全市农林牧渔业总产值2.12亿元的60倍。④

3. 工业发展焕发活力

延安工业发展道路崎岖，改革开放后社会主义市场经济体制唤醒了这块土地，为其注入了新的活力。煤炭、石油资源是延安宝贵的自然财富，"突出石油，抓住化工，发展建材，搞活轻工"是延安工业的发展策略。一项项措施的落实给延安的工业松了绑，插了翅，延安市的工业迅速走出低谷，产值、利税同步快速增长，连年跨上新的台阶。

---

① 《延安年鉴》编纂委员会编：《延安年鉴（2009）》(http://www.sxsdq.cn/sqzlk/sxnj_16138/sxnjwz/yas_16203/yanj/yanj2009/)。

② 同上书，第347页。

③ 梁严冰：《20世纪50年代以来陕北经济变迁研究》，博士学位论文，西北大学，2011年。

④ 《建国七十周年延安农业发展综述》，2019年8月23日，陕西省统计局网（http://tjj.shaanxi.gov.cn/site/1/html/126/131/139/20004.htm）。

科学技术助推石油工业。1978年，随着科学技术的不断发展，延长油矿不断改进石油开采技术，为适应延安地区地质条件引进新型能钻和顿钻，形成新的石油钻井工艺。1985年，延安市政府又开始筹建延安炼油厂，1988年进入试生产阶段，经过20多年的不断技术改造，延安炼油厂已形成原油一次加工能力800万吨/年，催化二次加工400万吨/年的生产规模，一跃成为全国500强企业，大型现代化炼油企业。[①]

南泥湾钻采公司快速发展。"陕北的好江南"南泥湾，不仅仅是米粮川，更拥有流淌的黑色"金子"——石油。1986年，开始筹建南泥湾钻采总公司。南泥湾钻采总公司在市场经济大潮中，发扬三五九旅艰苦奋斗的优良传统，凭着新一代石油人对党的事业的忠诚和对开发油田的热忱，实现了经济辉煌、两个文明协同发展的繁荣景象。1991—1995年的5年间，累计生产总值达5292万元，创利税6577.8万元[②]，成为延安的支柱财源。

众多企业迸发发展活力。在南泥湾钻采总公司崛起的同时，延安市水泥厂、化工厂、建材厂、塑料厂、通用机械厂等企业也纷纷摆脱亏损，大胆创新名牌产品，在市场经济大潮中激荡扬帆，均取得不同程度的发展。

改革开放之后的延安，通过不断调整工业结构，增强企业活力，终于摆脱亏损，走出了一条适合自己的工业发展道路。1999年，延安工业完成产值60.10亿元，比1978年翻了5番半[③]，1978年，延安市全社会固定资产投资仅0.62

---

① 《延安年鉴》编纂委员会编：《延安年鉴（2009）》。
② 《可爱的延安》编委会：《可爱的延安》，陕西人民出版社1996年版，第124页。
③ 吴逸峰、王健：《辉煌六十载，看圣地新貌，分外妖娆》，《中国经济时报》2019年7月27日第A01版。

亿元①，2011年达815.21亿元②，平均每年增长近20%，延安工业腾飞的时代已然到来。

4. 减贫初见成效

国家从未忘记过延安这片红色热土。在延安人民努力发展经济，改善生活水平的同时，1979年起，国家每年给包括延安在内的陕北老区提供5000余万专项扶贫资金。③ 1986年起，国家又向包括延安13个县（市）在内的34个县的19个集中连片贫困地区提供10个亿的扶贫贴息专项款。在国家政策的扶持下，延安开展了有计划、有组织、大规模的开发式扶贫工作。到20世纪末，延安已解决46.17万人的温饱问题。2010年延安农民人均纯收入5173元，④ 比1998年的1356元增长了3.8倍。

然而，摆脱贫困仍旧是延安的一项极具困难的任务，截至2011年，延安仍有贫困人口44.7万人，⑤ 占当时总人口的20.37%。延安人民从未惧怕困难，他们一直在迎接新生活的曙光中勇往直前。

---

① 王雄：《红色圣地谱新篇　改革开放40年延安经济社会发展综述》，《陕西日报》2018年12月2日第1版。

② 《2011年延安市国民经济和社会发展统计公报》，2012年3月31日，陕西省人民政府网（http：//www. shaanxi. gov. cn/info/iList. jsp? tm_ id = 166&cat_ id = 17645&info_ id = 66155）。

③ 《陕北扶贫有突破性进展》，《中国绿色时报》1991年1月11日第4版。

④ 《2010年延安市国民经济和社会发展统计公报》，2011年3月15日，延安市统计局网（http：//tjj. yanan. gov. cn/index. php? a = show&c = index&catid = 15&id = 5430&m = content）。

⑤ 《延安市截至去年有24万多人脱贫》，2015年2月28日，陕西省人民政府网（http：//www. shaanxi. gov. cn/sxxw/fx/29281. htm）。

（五）2012年至今：新时代延安精准扶贫路

新时代的中国站在新的历史起点，拥有着新的历史使命。革命老区的延安，定然不能掉队。新时代的延安人民，传承延安精神，积极推动经济发展方式转型、精准扶贫、乡村振兴、生态文明建设……一系列可以实现人民富裕的事情被作为脱贫攻坚工作的重中之重。

1. 吹响延安精准扶贫的号角

红色延安，孕育了彪炳千秋的延安精神。但延安一度长期为贫穷落后所缠绕。延安的贫困是延安人民的痛，更是心系革命老区的中国共产党人的心中之痛。2014年年底，延安仍有延长、延川、宜川3个贫困县没有摆脱贫困，还有76218户、20.52万①的贫困群众生活在贫困线以下。这三个县仍然面临基础设施和公共服务水平低、脱贫产业增收难、脱贫户返贫风险大等问题。尤其是延安的"两区一带"，生态环境脆弱、生产生活条件差、社会组织发育程度较低，是延安脱贫攻坚的重点和难点。

延安脱贫，国家在努力，延安人民也在努力。2015年，习近平总书记在延安主持召开陕甘宁革命老区脱贫致富座谈会。会上，习近平总书记深刻指出："加快老区发展步伐，做好老区扶贫开发工作，让老区农村贫困人口尽快脱贫致富，确保老区人民同全国人民一道进入全面小康社会，是我们党和政府义不容辞的责任。"② 随后，延安市委市政府迅速响应并指出，延安

---

① 李建飞、李银堂：《大格局推动全面发展——延安市脱贫攻坚促进经济社会变革之二》，《延安日报》2019年7月18日第2版。
② 霍小光：《把革命老区发展时刻放在心上——习近平总书记主持召开陕甘宁革命老区脱贫致富座谈会侧记》，《人民日报》2015年2月17日第2版。

作为新中国最为重要的革命老区之一，必须要用好老区自身资源优势，大力发展特色产业，努力实现脱贫致富。同年，延安计划率先在全国革命老区中消除绝对贫困，实现整体脱贫。

2. 实施精准扶贫"八个一批"工程

实施精准扶贫"八个一批"工程，助力脱贫攻坚。党的十八大以来，延安市委市政府在贯彻中央关于精准扶贫的过程中，始终聚焦精准扶贫"八个一批"工程，科学推进、精准发力。积极实施产业扶贫、易地搬迁、危房改造、生态补偿、教育支持、就业创业、医疗救助、兜底保障等八项工程，将精准扶贫贯穿脱贫攻坚的全过程。在充分调研、科学论证的基础上，延安先后制定出台了符合当前实际的一批政策性文件。通过分包重点贫困村，与国有企业、高教系统和医疗卫生系统组建帮扶体系，利用互联网等新兴产业方式，以及广泛吸纳社会力量、爱心团体共同给脱贫开了"药方子"。

在延川县贾家坪镇刘马家圪塔村，58 岁的钟春祥和郝秀梅正在自家大棚里打理甜瓜。郝秀梅说道："我们以前在外打工，后来老伴患了肾病，花光了积蓄，还借了 14 万元外债，这日子就像天塌了一样。3 年前村干部让我们建了两个大棚，每年都能收入七八万元，老伴的病好转了，日子过得可舒心了。这要感谢政府，感谢县乡村的干部，感谢核电集团。"[①]

在延安，各路扶贫队伍真诚献爱心、献真情，各显神通。2012 年以来，国家核电技术有限公司（现为国家电力投资集团有限公司）、中国证监会和中国盐业总公司 3 家中央企事业单位陆续定点帮扶延长、延川、宜川 3 个国定贫困县，建设了现代农业示范园、蔬菜大棚，改善基础设施等。2018 年直接投资项

---

① 李建飞、李银堂：《大格局推动全面发展——延安市脱贫攻坚促进经济社会变革之二》，《延安日报》2019 年 7 月 18 日第 2 版。

目13个，总投资883.25万元，引进项目9个，引资1760.9万元。①

2018年，延安贫困人口下降到5526户10034人，累计脱贫19.52万人，全市贫困发生率减少到0.66%，②建档立卡脱贫户人均纯收入达8289元。1.73万户、5.63万人易地搬迁，农村危房"清零"。全市农村水泥沥青路、安全饮水、动力电实现全覆盖。③

3. 推进乡村振兴战略

继续解决相对贫困问题，积极推进乡村振兴战略。2017年，党的十九大提出，要实施以"产业兴旺、生态宜居、乡风文明、治理有效、生活富裕"为目标的乡村振兴战略。延安市为强化规划引领作用，描绘好战略蓝图，推进乡村振兴战略深入实施，结合《延安市城乡统筹发展空间布局规划（2011—2030年）》制定了《延安市乡村振兴战略规划（2018—2022年）》，为延安摆脱绝对贫困解决相对贫困提供了根本遵循。

2018年起，延安市以实现高质量发展为主线，以增加农民收入为核心，以壮大村级集体经济为突破口，以推进农村环境综合整治为着力点，以深化农村综合改革为根本动力，以打好精准脱贫攻坚战为底线任务，不断推进乡村产业振兴、人才振兴、文化振兴、生态振兴、组织振兴。城乡统筹取得重大进展，农业综合生产能力显著提升，农村发展内生动力不断增强，农民生产生活条件大幅改善。脱贫攻坚取得阶段性成就，乡村治理能力明显提高。

---

① 李建飞、李银堂：《大格局推动全面发展——延安市脱贫攻坚促进经济社会变革之二》，《延安日报》2019年7月18日第2版。
② 叶晓楠：《宝塔山下，"穷帽子"摘啦！》，《人民日报》（海外版）2019年5月1日第5版。
③ 孙波等：《延安脱贫了》，《求是》2019年第13期。

富县茶坊街道马坊村为大力实施乡村振兴计划，率先开展了"两说一联"便民联动机制。在村党支部带领下，通过土地流转建起了果蔬采摘园和温室大棚，组建了合作社，办起了辣酱厂，有效激发了农村发展活力，带动了贫困户增收。产业兴旺是精准脱贫的根本，也是乡村振兴的重点，新时代要统筹推进农业产业发展与人居环境整治，拓展新时代乡村治理新形式，引领乡风文明新风尚。

2019年5月7日，延安向世界宣告脱贫了。如今的延安拥有常住人口226万，全市GDP达1558.91亿元，人均可支配收入为22357元。① 经过多年的奋斗征程，延安实现了从基本温饱向告别绝对贫困、走向富裕的历史性跨越。

至此，延安人民的生活，延安的生态环境、城镇建设已经发生了深刻变化。延安人民传承延安精神，不会因为取得的成绩骄傲而故步自封，止步不前。在新的历史起点，延安人民将会创造出更加灿烂夺目的辉煌业绩。

---

① 《2018年延安市国民经济和社会发展统计公报》，2019年4月11日，延安市统计局网（http：//tjj. yanan. gov. cn/index. php? m = content&c = index&a = show&catid = 15&id = 8056）。

三　六份减贫答卷群众满意

2015年2月,习近平总书记主持召开陕甘宁革命老区脱贫致富座谈会发出了动员令,延安全面打响了脱贫攻坚战。5年来,在中共中央、国务院的指导下,在陕西省委省政府的领导下,延安坚持以脱贫攻坚统揽全市经济社会发展大局,用好习近平总书记开出的"发挥两个明显优势""破解一个明显制约"[①]金玉良方,用延安精神建设新延安。今天,延安在解决区域贫困、增强经济实力、改善基础设施、提升脱贫能力、实现整体蜕变、提高可持续发展能力六个方面,交上了让人民满意的答卷。

(一) 区域贫困整体解决

延安,这个承载着中国革命希望,铭记着中国共产党初心使命的圣地,终于实现了世世代代以来梦寐以求的丰衣足食的愿望,成为陕西省率先实现区域性整体脱贫的地级市,成为中国革命老区较早实现整体脱贫的地级市。

[①] "两个明显优势":第一个明显优势是特色资源优势,主要是能源、特色农产品和特色文化旅游资源优势;第二个明显优势是后发优势,主要是城镇化发展和基础设施建设还有很大空间。"一个明显制约"是生态环境整体脆弱。

1. 陕西省的率先整体脱贫地级市

2019年5月7日，陕西省人民政府宣布，宜川县、延川县等23个县退出贫困县行列。① 这一消息的发布，标志着延安与西安、宝鸡、咸阳一同在全省率先实现了所有贫困县脱贫摘帽的目标，取得了区域性整体脱贫的好成绩。

陕西省是中国贫困面较大、贫困人口较多、贫困程度较深的省份之一。目前占地20.56万平方公里，下设10个地级市，107个县级行政区（30个市辖区，6个县级市，71个县），② 拥有常住人口3876.21万人。③

在陕西省的107个县级行政区中，有56个贫困县。④ 这些贫困县主要分布在延安、西安、宝鸡、咸阳、铜川、渭南、榆林、汉中、安康、商洛10个地级市。其中，延安市的延长县、延川县、宜川县属于国家扶贫开发工作重点县。

2015年以来，陕西省将脱贫攻坚作为全省头等大事和第一民生工程，聚集全省各方力量，向贫困宣战。在全省人民的努力下，2018年9月29日，延长、横山、定边、佛坪4个贫困县成功脱贫摘帽。⑤

---

① 《陕西23个县退出贫困县序列》，2019年5月8日，陕西省人民政府网（http://www.shaanxi.gov.cn/info/iList.jsp?cat_id=18015&info_id=139079&tm_id=166）。

② 《大美陕西："陕"亮登场》，2019年8月19日，搜狐网（https://www.sohu.com/a/334694862_120027707）。

③ 《2019年陕西省国民经济和社会发展统计公报》，2019年3月20日，陕西省人民政府网（http://www.shaanxi.gov.cn/jbyw/ggjg/tjgb/sxsgb/164062.htm）。

④ 《陕西所有贫困县（区）实现脱贫摘帽》，《陕西日报》2020年2月28日第1版。

⑤ 《四县（区）率先在全省实现脱贫摘帽》，《陕西日报》2018年9月30日第1版。

2019年5月7日，陕西省政府宣布宜川县、延川县等23个县退出贫困县序列。① 这一天，延安仅剩的宜川、延川2个贫困县退出贫困县行列，西安唯一的贫困县周至县实现脱贫摘帽，宝鸡的5个贫困县和咸阳的4个贫困县也实现了脱贫摘帽。革命老区延安和西安、宝鸡、咸阳一同在全省率先实现了所有贫困县脱贫摘帽的目标，实现了区域性整体脱贫。

陕西省56个贫困县退出时间

退出时间	退出的贫困县	贫困县退出个数
2018年9月26日	延长县、横山县、定边县、佛坪县	4
2019年5月7日	宜川县、延川县、周至县、扶风县、太白县、麟游县、千阳县、陇县、永寿县、淳化县、旬邑县、长武县、宜君县、澄城县、合阳县、蒲城县、富平县、绥德县、米脂县、吴堡县、留坝县、镇坪县、镇安县	23
2020年2月27日	印台区、耀州区、白水县、佳县、清涧县、子洲县、南郑区、城固县、洋县、勉县、西乡县、略阳县、镇巴县、宁强县、汉滨区、平利县、旬阳县、石泉县、紫阳县、白河县、汉阴县、宁陕县、岚皋县、商州区、洛南县、山阳县、丹凤县、商南县、柞水县	29

资料来源：陕西省人民政府。

2. 革命老区较早整体脱贫地级市

"要着力推动老区特别是原中央苏区加快发展，决不能让老区群众在全面建成小康社会进程中掉队，立下愚公志、打好攻坚战，让老区人民同全国人民共享全面建成小康社会成果。"② 党的十八大以来，中国共产党始终把革命老区脱贫作为脱贫攻坚工作的重点，展开了一系列伟大的脱贫实践。

---

① 《陕西23个县退出贫困县序列》，《陕西日报》2019年5月8日第1版。
② 《江西：开启新征程共绘新画卷》，《光明日报》2019年2月19日第1版。

中国革命老区，是新民主主义革命时期，由中国共产党创建的革命根据地，主要分布在中国27个省、自治区、直辖市的1300多个县（市、区）。① 在革命老区中，共有357个国家扶贫开发工作重点县和集中连片特困县区。② 截至2019年，已经有141个县区脱贫摘帽。③ 但由于革命老区大多地处偏远的山区，经济发展滞后、基础设施薄弱、人民生活水平不高，脱贫任务依然任重道远。

为实现整体脱贫，2015年以来，革命老区延安吹响了脱贫攻坚的号角，226万延安人民鼓舞斗志，辛勤劳作，谱写了一段脱贫攻坚的奋斗史。经过5年的脱贫攻坚实践，延安成功告别了绝对贫困，成为继井冈山、瑞金④等革命老区脱贫摘帽后，较早实现区域整体脱贫的革命老区。

尽管延安不是第一个实现整体脱贫的革命老区，但延安实现整体脱贫却是中国革命老区脱贫攻坚取得成功的一个缩影。延安的脱贫做法和经验，为其他革命老区早日摆脱贫困提供了有益的借鉴和启示。

（二）经济实力显著增强

除了实现区域整体脱贫以外，经济实力增强也是凸显延安

---

① 《习近平：革命老区是党和人民军队的根》，2017年10月12日，福建老区建设网（http：//www.fjslch.com/news/5890.htm）。

② 《中国老促会积聚力量助老区脱贫》，2017年6月17日，新华网（http：//www.xinhuanet.com/politics/2017 - 06/17/c_129634808.htm）。

③ 《好消息！141个革命老区县脱贫摘帽》，2019年7月30日，人民日报客户端（https：//www.hndnews.com/p/289456.html）。

④ 2017年2月26日，江西省井冈山市在全国革命老区中率先脱贫摘帽。2018年7月29日，江西省政府批复同意瑞金市脱贫退出，瑞金在赣南革命老区首个脱贫摘帽。

减贫成绩的重要指标之一。脱贫攻坚开展以来，延安人民传承延安精神，积极发展林果、养殖、棚栽、旅游、文化等特色优势产业，推动了延安地区经济实力的不断增强。这主要体现在延安地区生产总值①和农民人均收入两个方面。

1. 地区生产总值大幅增长

延安经济发展水平发生了巨大变化。地区生产总值由2015年的1198.63亿元②增加到2019年的1663.89亿元③，是原来的1.4倍，延安经济实现飞跃式发展。

吴起县的经济发展水平呈现的健康向上的良好态势值得一提。2019年，吴起县入围了"全国投资潜力百强县市"（全国第81位）。2017年入围了"全国百强县"（全国第80位）。并且全县连续八届入围"陕西经济社会发展十强县"，跻身"中国中小城市综合实力百强县"和"西部经济发展强县"的行列。

与陕西省其他地市相比，延安地区生产总值在全省排名靠前。如2018年，延安地区生产总值达到1558.91亿元，在陕西省排名第六。④ 增速为9.1%，增速位居陕西省第三。⑤ 延安地区生产总值增速较快，表明延安经济发展潜力大、势头好、实

---

① 地区生产总值，又称地区GDP，是指本地区所有常住单位在一定时期内生产活动的最终成果，地区生产总值等于各产业增加值之和。

② 《2015年延安市国民经济和社会发展统计公报》，2016年3月31日，延安市统计局网（http：//tjj. yanan. gov. cn/index. php? m = content&c = index&a = show&catid = 15&id = 2408）。

③ 《2019年延安市经济运行总体平稳》，2020年2月10日，延安市人民政府网（http：//www. yanan. gov. cn/gk/tjxx/tjfx/409350. htm）。

④ 《2019年陕西统计年鉴》，2019年12月9日，陕西省统计局网（http：//tjj. shaanxi. gov. cn/site/1/html/126/127/233/list. htm）。

⑤ 《2018年延安GDP增速领先全国、全省》，2019年1月29日，延安市人民政府网（http：//www. yanan. gov. cn/gk/tjxx/ndtj/358518. htm）。

力强。

2. 农民人均可支配收入稳步提高

近年来，延安农村面貌发生了翻天覆地的变化，延安农民人均可支配收入①呈现逐年上升的趋势，延安人民的腰包一天天鼓起来了，延安人民的幸福感、获得感、满足感也一天天增强了。

尤其是2015年以来，延安农民人均可支配收入突破1万元，年均增幅保持在8%以上。② 延安农民的收入高于陕西省的平均水平，达到了中等偏上收入国家的水平。

与陕西省的其他市相比，延安农民人均可支配收入在全省排名靠前。据陕西省统计局统计，2019年，延安农民人均可支配收入达到11876元，在全省排名第六，同比2018年增长了10.1%，增速与铜川市并列全省第二位。③ 这表明延安农民人均可支配收入比全省其他地区增长的幅度大，延安农民生活水平和质量提升的速度较其他市区更为明显。

2015—2019年延安市农村居民人均可支配收入及增速情况

年份	人均可支配收入（元）	比上年增长（%）
2015	10775	10.2
2016	10568	8.0
2017	11525	9.1
2018	10786	9.2
2019	11876	10.1

资料来源：延安市统计局、延安市人民政府、《陕西年鉴》（2012—2017）。

---

① 农民人均可支配收入：农村住户获得的经过初次分配与再分配后的收入。可支配收入可用于农户的最终消费、非义务必支出以及储蓄。
② 《延安市国民经济和社会发展统计公报》（2015—2019年），延安市统计局网（http：//tjj.yanan.gov.cn/index.php? m = content&c = index&a = lists&catid = 15）。
③ 数据来源：延安市扶贫办。

梁家河村农民人均收入高达21634元

1969年1月，不满16岁的习近平从北京来到延安市延川县文安驿镇梁家河村插队落户，后来担任大队党支部书记，在这里劳动、生活了7年。"那时候，田大都在山上，交通可不是基本靠走，全是靠走。村部连一辆自行车都没有，到文安驿公社10多里路，就一条羊肠山道，得走一个来小时。"① 梁家河村老支书石春阳说道。

2015年春节，习近平总书记回到延川县文安驿镇梁家河看望村民，村民备受鼓舞，脱贫动力和致富信心大增，并积极投入脱贫攻坚工作中。"现在的梁家河发展得越来越好。"② 村民张卫庞说，"以前因为挣不到钱，村里的年轻人都出去了。现在村里有了产业，许多年轻人都从外面回来了，大家越干越有劲！"③ 谈起村里5年来的变化，张卫庞激动不已。如今，梁家河村集体办起了乡村文化旅游公司，建起了现代设施蔬菜大棚，不仅壮大了村集体经济，而且增加了村民收入。加上村上的山变绿了、环境改善了、产业壮大了、集体有钱了、生活富裕了，村民也吃上了"生态饭"和"旅游饭"。到2019年，梁家河村集体收入达2567.9万元，村民人均收入达21634元。梁家河村村民们的日子越过越红火。

（三）基础设施全面改善

基础设施落后是制约延安地区经济发展，导致老区人民长期处于贫困线以下的重要原因之一。2015年以来，为了改善延

---

① 《新时代新气象新作为：梁家河村民说今昔》，《人民日报》2018年1月30日第1版。
② 《村子越来越美丽　日子越过越红火——听村民张卫庞讲梁家河村新变化》，《延安日报》2020年2月11日第1版。
③ 同上。

安人民的生活环境，延安市加大了农村基础设施投入力度。5年来，在延安各级政府和延安人民的共同努力下，延安农村贫困地区修上了水泥路，喝上了自来水，用上了动力电，生活过得越来越甜美。

1. 农村公路条条通

以前，延安农村地区很多路都是坑坑洼洼的，晴天的时候，延安农民会被弄上一身土，雨天的时候会被溅上一身泥，进出城很不方便。有很多延安农民一辈子都没去过县城，长期生活在偏僻、封闭的小山村里，与外界接触较少。加上村里的交通落后，经济也不发达，他们的日子过得十分贫苦。

要想富先修路。2015年以来，延安新修、整治道路589处，2551.8公里，建制村全部通上了沥青（水泥）路。[①] 延安农村地区道路实现全覆盖，延安人民的出行和生活更加方便起来。

尤其是2017年和2018年，延安更是加大了农村沥青路的建设力度。2017年，延安在143个行政村[②]上新建了746公里的沥青路，在92个贫困村上维修整治了366公里的"油返砂"公路，合计1112公里，农村道路畅通率达到100%。[③] 2018年，延安又在76个未通畅的建制村中新建了446公里的沥青路，在98个行政村上维修了570公里的"油返砂"公路，行政村道路

[①]《见证延安脱贫，我们很幸福》，《延安日报》2019年10月18日第1版。

[②] 行政村是依据《村民委员会组织法》设立的村民委员会进行村民自治的管理范围，是中国基层群众性自治单位。

[③]《延安发改委：加大基础设施建设 为脱贫攻坚增砖添瓦》，2017年11月30日，凤凰网（http://sn.ifeng.com/a/20171130/6193364_0.shtml）。

通畅率100%。①

穷山沟修出"富裕路"

看着延安农村地区新修建的水泥路，延安市宜川县马树坪村村民付长虹激动得说不出话来。

宜川县马树坪村紧邻黄河，曾是延安市最偏远的贫困村，也是黄河秦晋大峡谷地势最为险要的地方。交通设施极其落后，群众出行十分不便，村民出去买一袋盐都要翻越几座山，走上好几十公里的土路。

2017年8月，穿越陕西省12个县、72个乡镇的沿黄公路修到了马树坪村，让原来买一袋盐都得翻几座山的付长虹，现在走路5分钟，就到了宽阔的柏油公路上。

现在的马树坪村交通十分便利，村民们可以将自己种的柿子和花椒拿到市场上去卖。付长虹开心地说道："车越来越多了，游客越来越多了，我打算在我家门前开个农家乐，我大儿子会开车，我二儿子会厨艺，带上两个儿子搞个农家乐，开起来以后，日子要过得红红火火。"②

2. 饮水安全无公害

"由于地理位置偏远，以前我们的饮用水靠山下驮水，自从有了水井和蓄水池后，大伙再也不用为饮水难而困扰了，省出时间一门心思去致富。"③ 吴起县庙沟乡李崾岘村村民李三娃高

---

① 《2019年延安市政府工作报告》，2019年2月13日，陕西省人民政府网（http：//www.shaanxi.gov.cn/info/iList.jsp？cat_id=17582&info_id=133816&tm_id=416）。

② 《革命老区延安实现整体脱贫》，2019年5月7日，陕西新闻网（http：//news.cnwest.com/lianbo/a/2019/05/07/17776501.html）。

③ 《愿效李冰兴水利——吴起民生解渴之道》，2015年6月16日，吴起县人民政府网（http：//www.wqx.gov.cn/dsj/xwzx/zdbd/5933.htm）。

兴地说。

以前,延安农民最大的生活难题之一就是吃不上水、洗不上澡。有的贫困村吃水要靠旱井里渗出的山泉,装满一桶水就要好几个小时。因为水太过珍贵,有些村民就把洗完脸的水用来洗碗,把洗碗后的水拿给牲口吃。

解决延安农民的吃水难题,让村民饮上一口安全水、干净水。"十三五"[①]以来,延安市先后投入资金11.1亿元,建成各类工程3082处,解决改善了88.95万群众的饮水安全条件。693个建档立卡贫困村、6.17万户贫困群众实现饮水安全达标,农民吃水难的问题得到了有效解决。[②]

告别苦水记忆,尝到幸福甜味

农村吃水难问题的解决,让延安安塞区坪桥镇八里湾村村民李天鹏一家告别了"苦水"般的穷光景,尝到了幸福的甜滋味。李天鹏所有的贫困记忆都与水有关。以前,李天鹏一家吃水要靠村头的一口井,说是"井",其实是石头缝里渗出些泉水,形成的一个小水潭。每次取水,他都要用绳子拴着木桶,把木桶吊下去盛一点水上来,一桶水装满要用上半天的时间。

但一桶水半桶泥,李天鹏从"井"里拉回来的水要在瓮里沉淀几天后才能喝,因此李天鹏从小就懂得了"一水多用"。洗完脸的水用来洗碗,然后再喂给牲口喝,洗澡更是奢望。这种

---

① "十三五"时期:2016—2020年。制定《中华人民共和国国民经济和社会发展第十三个五年规划纲要》,简称"十三五"规划(2016—2020年)。规划主要阐明国家战略意图,明确政府工作重点,引导市场主体行为,是2016—2020年中国经济社会发展的宏伟蓝图,是各族人民共同的行动纲领,是政府履行经济调节、市场监管、社会管理和公共服务职责的重要依据。

② 《陕西延安市攻坚饮水安全脱贫 3个国家级贫困县提前实现"摘帽"目标》,2019年10月8日,中国水利网(http://www.chinawater.com.cn/newscenter/df/shx/201910/t20191008_739499.html)。

苦日子让李天鹏一眼望不到头。

为了让全区贫困村的村民喝上一口安全水，2018 年，安塞区实施农村安全饮水巩固提升工程 233 处，解决了 3.85 万人的安全饮水问题，这让李天鹏重拾了希望。① 现在，李天鹏不仅吃上了水，而且卫生间里也装上了热水器，李天鹏每天都能洗澡，有一次还"把身子搓红了"，好像一下子要将多年的苦闷统统洗去一样。

3. 电力入户全覆盖

电网是农村地区的重要基础设施之一，与农民的日常生产生活以及农村的繁荣发展息息相关。1978 年以前，延安只有 5 个县区能够通上电，乡镇通电率为 38.8%，行政村通电率为 16.9%，大部分农村地区都用不上电。② 一到晚上，窑洞里漆黑一片没有一丝光亮，只能用手电筒来照明。要是再遇上阴天下雨、打雷闪电的情况，延安农村地区就会长期停电，严重影响了延安农民的生产生活。因此，实现村村通电、户户通电是延安人民长久以来的心声和愿望。

2015 年以来，延安加大了农村电力设施的投资力度，实施了上千项农村电力改造升级项目，改造了几千公里的农村电网。目前，延安农村地区电力入户率达到 100%，也就是说延安贫困村村民家里全都通上了电，用上了网，看上了电视。昔日土窑洞里的昏黄煤油灯被现在的电灯所取代，淳朴的延安村民脸上露出了灿烂的笑容。

---

① 《一套安居房尝到幸福滋味——延安脱贫户李天鹏告别"苦水"记》，2019 年 4 月 26 日，新浪网（http://news.sina.com.cn/c/2019-04-26/doc-ihvhiqax5148417.shtml）。

② 《璀璨电力耀圣地——延安电力 40 年发展小记》，2018 年 11 月 19 日，延安市人民政府网（http://www.yanan.gov.cn/xwzx/sxtt/352908.htm）。

点亮贫困村的"希望之灯"

延安市志丹县胡新庄村村民同登弟的脸上笑开了花。同登弟是一名残疾人,妻子是一名聋哑人,孩子从出生时腿脚就落下了病根。一直以来,同登弟全家都生活在偏远的山坡上,因为家里没有通上电,所以日子过得暗淡又无助。2017 年年底,志丹县供电公司扶贫工作领导小组了解同登弟一家的情况后,立即着手解决通电问题。经过 16 天的紧张施工,同登弟的家里通上了电。"自从电力局帮扶之后,现在不仅灯亮了,农机随时都可以使用了,还给我买了两个猪崽,明年就能生一窝,又能卖个好价钱。"[1] 同登弟开心地说道。

"从申请到通电前后只用了 3 天时间,真没想到速度会这么快。现在我们住到了敞亮的新房里,今年发展养殖业,明年种植山地苹果、小杂粮更有信心了。"[2] 甘泉县道镇镇乔庄村村民屈振精高兴地说。2016 年 6 月,屈振精申报易地移民搬迁分散安置后,于当年 8 月开始修建新房。但在修建房屋前,屈振精犯愁了:他的新房离村里的电线杆有七八百米远,修建用电和日后生活用电成为一大难题。驻村工作队了解情况后,与道镇镇六里峁供电所进行协调。该供电所向甘泉县供电分公司递交用电申请后,仅用 3 天时间就为屈振精接通了电源,铺设了低压电缆 1400 米,配备电表箱 1 套,电表 1 块。同时,还帮助该村其他村民检查设备线路,讲解安全用电常识,为乔庄村提供了可靠的用电保障。

延安还有很多像同登弟、屈振精一样的用电困难贫困户,在延安市各级政府的帮助下,家家通上了电,看上了电视,生活越来越方便。

---

[1] 《电力先行我们能行》,2018 年 11 月 16 日,志丹文明网(http://sxzd.wenming.cn/wmcj/201811/t20181116_2958330.shtml)。

[2] 《甘泉县供电分公司力保贫困村安全过冬——乔庄村 600 余名群众用上放心电》,《延安日报》2018 年 1 月 15 日第 3 版。

（四）贫困户脱贫能力提升

富裕的生活和美好的家园，要靠人民自己去创造。如果贫困户的脱贫能力得不到提高，即使脱了贫也会重新返贫。脱贫攻坚开展以来，延安把提升贫困群众脱贫能力作为脱贫工作的重点之一。依托能力扶贫，提升了贫困户的种植管理能力，改变了过去依靠政府救济的生活方式；依托产业扶贫，提升了贫困户的产业发展能力，改变了过去靠天吃饭的苦日子；依托智志双扶，提升了贫困户的自力更生能力，改变了过去"等靠要"的懒散观念。

1. 种植管理能力不断加强

脱贫攻坚以来，延安市委市政府经过实地考察发现，对贫困户进行救济式帮扶，很容易滋生懒惰、不思进取、"等靠要"的思想，难以真正拔掉穷根。

破除延安贫困群众"等靠要"思想，激发他们脱贫的内生动力，提高他们的脱贫能力，促使他们从"要我脱贫"转为"我要脱贫"，延安实施了能力扶贫，或称技术扶贫。

能力扶贫，即围绕林果、棚栽、养殖等特色优势产业，定期开展技术培训。包括创办技术培训班、邀请技术专家现场授课、召开技术培训答疑会等，重点是要帮助贫困群众掌握1—2门种植管理技术，提高他们的脱贫能力。2019年8月20日，延安市洛川县举办了陕西省苹果标准化管理技术培训会，就苹果绿色高效生产、老果园改造提质增效、新品种栽培、水肥一体化科学管理、病虫害绿色防控等果农最关心的问题进行了针对性的讲解和培训。

长期的技术帮扶，让洛川县石头镇牛天咀村村民陈永不仅掌握了果树种植技术，更是提高了果树管理能力。36岁的陈永家里有 10 多亩地，但因为不会管理，导致其中的 7 亩地一直没有挂果，长期投入不见回报。2017 年 5 月，牛天咀村村委会主任孟振中了解陈永的情况后，建议陈永加入富百合作社。富百合作社主要为贫困户免费提供果园知识技术培训，还免费为贫困户提供树苗、有机肥，以及苹果分拣和储藏服务等。陈永加入富百合作社后，积极学习果树种植技术和果树管理经验。一年下来，陈永家的 7 亩地成功挂果，收入 1.2 万元。而陈永的果树种植技术和果树管理能力，让他再也不用担心因为不会管理果树陷入贫困了。

2. 产业发展能力明显提高

延安是贫困面较大、经济欠发达的革命老区。20 世纪 70 年代，延安农民一直过着广种薄收、靠天吃饭的苦日子。改革开放以后，延安发展日新月异，但受自然条件、经济基础等方面的制约，2014 年年底，延安仍有 20.52 万贫困人口没有摆脱贫困。[①]

2015 年以来，延安按照精准脱贫基本方针，因地制宜地支持贫困地区发展苹果、棚栽、养殖等特色优势产业。通过实施"公司＋基地＋贫困户"产业发展模式，建立贫困户发展产业小额贷款风险担保基金，推进各类抵押贷款，开展科技特派员农村科技创业行动，鼓励贫困户以土地、资金入股，或进入园区企业从业等帮扶措施，切实提高了贫困户的产业发展能力和可持续脱贫能力。

"80 后""鹿司令"赵洋洋就是通过发展产业提高脱贫能力的。居住在安塞区镰刀湾镇罗居村的赵洋洋，2014 年被认定为贫困户。2015 年，他在电视上看到养殖梅花鹿能够致富的报道，

---

① 《山峁沟岔里的执着坚守——延安实现区域性整体脱贫调查》，《陕西日报》2019 年 12 月 23 日第 1 版。

报道上说梅花鹿全身都是宝，除去成本，养殖1头鹿一年可净赚8000元，赵洋洋认为这是一条能够脱贫致富的好路子。在安塞区就业服务中心的帮助下，赵洋洋申请了32万元的小额创业贷款，把自己家的院子改造为鹿舍，信心满满地搞起了梅花鹿特色养殖。2016年，赵洋洋累计出售了35头梅花鹿，收入达27万元，全家一举退出了贫困户行列。赵洋洋也因为养殖梅花鹿提高了自身的脱贫致富能力，先后被安塞区脱贫攻坚工作指挥部评为"产业大户之星"。

3. 脱贫内生动力显著提升

"授人以鱼，不如授人以渔"，没有内在的脱贫动力，外部帮扶得再多，也不能从根本上解决贫困。要想摆脱贫困，最终要靠贫困群众自身的努力和奋斗。

延安农村地区由于地处偏远、交通不便、信息闭塞、教育落后等原因，滋生了贫困户"靠着墙根晒太阳，等着政府送小康""干部干、群众看"等消极心态，不仅不去想办法改变贫困现状，反而出现了安于现状、不劳而获的思想。

为了激发贫困群众自主脱贫的内生动力，增强贫困群众的自力更生能力，延安坚持把扶贫与扶志、扶智相结合。通过弘扬延安精神、宣传脱贫先进典型、建立爱心超市、开展移风易俗等举措，有效转变了部分贫困群众"习惯穷""争当穷""等靠要"的思想观念，激发了他们自力更生、艰苦奋斗的斗志，提高了他们的脱贫增收能力。

子长市南沟岔镇宋家坪村村民薛润平的人生充满了艰辛与坎坷。3岁时父亲去世，6岁时母亲患上精神病，15岁时哥哥患病，35岁时自己患上了肾囊肿及肝囊肿疾病，家庭的变故及高额的治疗费用把他压得喘不过气来，几乎让他精神失常。村上干部得知薛润平一家的情况后，多次上门给他做工作。通过宣讲延安脱贫典型事迹，宣传扶贫政策，让薛润平的思想来了个大转弯。之后薛润平主动提出想发展种植业，镇上就帮他建了2个温室大棚，并邀请技术员传授大棚种植技术，帮他发展产业。在大家的帮助下，薛润平起早贪黑，用心学习大棚蔬菜种植技术，2018年共收入近4万元，薛润平说这是他以前想都不敢想的事。

（五）延安整体旧貌换新颜

脱贫攻坚，让延安实现了由黄变绿、由穷变富、由传统变现代、由封闭变开放，革命圣地旧貌换新颜。

1. 生态绿色满山川

"我家住在黄土高坡，大风从坡上刮过……"这首流行于20世纪80年代的《黄土高坡》，是对当时陕北地区生态环境的真实写照。

延安地处黄河中上游地区，土壤贫瘠，黄沙弥漫，是中国水土流失最严重的地区之一。春秋两季，沙尘暴频发，一刮风，黄土沙尘遮天蔽日。晴天一身土、雨天一身泥，黄色成为老延安人挥之不去的记忆。恶劣的生态环境，使延安陷入"越垦越荒、越荒越穷、越穷越垦"的恶性循环之中。"荒凉和贫穷"成为延安的代名词。

1999年，按照"再造一个山川秀美的西北地区"的总体部署，延安拉开了一场声势浩大的"绿色革命"，实施了史无前例的退耕还林工程。2012年以来，延安又紧密结合党中央提出的生态文明建设、美丽中国建设的新举措，率先在全国启动实施了新一轮的退耕还林工程，包括实施生态补偿、发展生态产业、增加造林财政补贴等。截至2018年，延安共完成退耕还林面积1077.46万亩，林地面积4473.61万亩，森林覆盖率由33.5%增加到52.5%，植被覆盖度由46%提高到81.3%，分别较退耕前增加了 19 个百分点和 35 个百分点。① 延安山川大地成功实现了由黄转绿、由浅绿到深绿的历史性巨变,延安因此成为全国退耕还林第一市。

"早年间的三、四、五月,我们这沟里、塬上,整日刮大风。风一来的时候,远远就能先瞧见一个高几十米的黑台子,眼看着刮到跟前,连太阳都遮了。瞬间白天里就黑得啥也看不见了。"② 延安老百姓提起旧日延安是这样描述的。

而今,行走山间,也许你能听到农家哼唱的新曲,春风吹过,绿满山坡。"山坡坡栽树崖畔畔青,黄土高坡有了好风景;狂沙那个不起尘少见,林果绕村绿满眼。"③

2. 户户有致富产业

兴一个产业,富一方百姓,发展特色优势产业是实现精准脱贫的重要举措。没有稳定的收入,是贫困发生的主要原因。农民要脱贫,必须立足农特产品资源优势,因地制宜、因户施策,走一条"户户有致富产业,人人有脱贫门路"的产业脱贫新路子。

在精准扶贫过程中,延安结合当地实际,把"一村一品、一乡一业"作为重要抓手,大力发展特色优势产业,全面扶持有劳动能力的贫困户发展林果、棚栽、养殖等产业,做到了户户有扶持资金、有发展项目、有增收产业。

冯庄乡康坪村和杜坪村是宝塔区典型的贫困村。精准扶贫以来,康坪村和杜坪村通过整合现代农业示范园区、设施蔬菜

---

① 《从黄土满坡到秀美山川——延安市退耕还林调研》,《延安日报》2019 年 12 月 9 日第 1 版。

② 《今日延安:"对照过去我认不出了你"——红色圣地的生态交响曲》,2019 年 5 月 9 日,新华网(http://www.xinhuanet.com/politics/2019-05/09/c_1210129791.htm)。

③ 同上。

发展、美丽乡村建设、新型社区建设等项目资金，集中建设了500亩设施蔬菜，为全村贫困户奠定了产业发展条件和基础。而宝塔区万花乡曹家沟村则成立了兴亥种养殖农民合作社和残疾人养殖合作社，带动贫困户发展养殖业，贫困户每户年收益超过1.8万元。

同时，延安围绕林果、棚栽、养殖等特色产业开展技术培训，帮助贫困家庭至少有一人掌握1—2门脱贫致富技术。延安的市、县、乡村建立了扶贫培训体系，市一级负责包扶干部培训，县一级负责贫困学生就业培训，乡镇负责农村青壮年培训，村上负责留守妇女和老人培训，真正实现了贫困户人人参训、户户受益。

3. 传统农业大转身

围绕工业化、城镇化、信息化、农业现代化"四化同步"和统筹城乡发展战略目标，近年来延安确立了"以现代农业示范园区带动优质农产品基地建设，以新型农业经营主体带动农户发展，以品牌建设带动市场营销和效益提高，以体系建设带动公共服务和机制创新"的发展思路，实现了从传统农业到现代农业的历史性大跨越，让农业更强、农民更富、农村更美。

志丹县是延安市的传统农业大县。近年来，全县按照"强果、稳菜、兴畜、精粮"的发展思路，构建起"苹果+特色种养业"的现代农业框架。在苹果种植上，志丹县实行苹果产业后整理，加快新品种引进、新技术推广步伐，促使红苹果成为贫困户脱贫致富的"金果果"。在杂粮种植上，志丹县大力发展"一乡一业、一村一品"，着力提高谷子、豆类和荞麦等小杂粮农业产业化水平，拓宽了农民增收渠道。同时，志丹县还借助当地资源、区位优势，在水上种植了荷花、菊花、芍药、牡丹，在水下养殖了小龙虾、大闸蟹。如今的志丹县开辟出了一片塞北江南，成为特色乡村旅游热点，游客蜂拥而至。

志丹县试验办主任牛怀富说："通过发展乡村旅游,打造以'红色文化为魂,美丽田园为韵,生态农业为基,传统村落为形'的田园综合体,逐步带领全村人实现农业强、农村美、农民富的目标。现在的志丹正铆足了劲,从传统农业大县向现代农业强县大步迈进。"①

除了志丹县以外,黄龙县也通过农业的现代化、科技化,实现了从传统农业向现代农业的转变。近年来,黄龙县充分借助物联网和大数据的优势,将科技创新融入传统农业中,实施"智慧农业",推动农业现代化路径不断向前延伸。在"智慧农业"模式下,果农只需要下载安装"智慧农业"电脑软件或手机 APP,就能足不出户了解果园情况,从而采取有针对性的保护管理措施。消费者只需要在手机上下载 APP 客户端,就可以看到所购苹果的生产过程、农资使用情况、产地、苹果品种等信息,享受科技为农业带来的实惠。

2018 年以来,黄龙县为了拓展"智慧农业"发展平台,与陕西世纪金典信息技术有限公司合作打造智慧农业物联网平台。将互联网、物联网、大数据、人工智能等现代化信息技术与传统农业深度融合,从空间、田间、时间等多方面进行数据采集,通过对天气、土壤、温度等数据分析,为现代农业生产提供了精准运作方式。

4. 开放的延安走向世界

"在那赶牲灵的年代,延安人走南闯北靠的是驴骡翻越一道道圪梁一道道坡。从延安去西安,一路不耽搁,赶着牲灵得走

---

① 《延安志丹县大力推进现代农业综述》,2019 年 4 月 24 日,陕西传媒网（http://www.sxdaily.com.cn/n/2019/0424/c1228 - 6486550. html）。

十来天；即使有了汽车，从延安到西安也得走上一整天……"[1] 新中国成立初期，落后的交通条件让延安长期处于封闭、贫穷的状态。

社会主义革命和建设时期，特别是改革开放以来，延安加快了铁路、公路的建设步伐，结束了没有铁路、公路的历史。2012年以来，延安建成了以公路、铁路、航空为一体的立体综合现代交通运输体系。从延安出发，包茂、青兰等多条高速公路畅行无阻；从南泥湾新机场出发，可以直飞国内16个城市。

到2019年，延安公路总里程突破2万公里，路网密度达到57公里/百平方公里，高速公路里程达到833公里，"三纵两横"高速公路网基本形成，"十三五"末将实现县县通高速。铁路总里程达到600公里，延安火车站每日经过客货列车达88对，[2] 延安交通越来越方便了。

交通的发展为延安人民的生活插上了希望的翅膀。穿行的火车、动车、飞机犹如舞动的针线，拉近了延安与全国各地的距离，方便了延安与外界的交流与联系，推动了延安从封闭走向开放，从落后走向富裕。

随着互联网的快速发展，延安这座革命老区也在努力抓住信息时代的发展机遇，继续扩大与外界的交流与联系，推动延安逐渐走向世界。如延安借助互联网平台，依托"一带一路"贸易通道和跨境电子商务，推动延安苹果"走出去"，推进延安苹果产业的国际化进程。

目前，与延安苹果确立长期交流合作的"一带一路"沿线国家已经有9个，而延安苹果也远销世界80多个国家和地区，每年销往俄罗斯、加拿大、澳大利亚、东南亚等国家的苹果达

---

[1] 《延安修铁路怎一个"难"字了得》，2018年11月19日，延安档案信息网（http://sdaj.yanan.gov.cn/ArticleView.aspx?id=493）。
[2] 《用延安精神书写延安追赶超越新篇章》，《陕西日报》2019年9月16日第1版。

到 12 万吨以上。"吃到延安苹果后,我非常震撼,没有想到其光鲜的外表下,果肉的口感也是如此的好。"① 在第一届世界苹果大会中,国际园艺学会主席德鲁对延安苹果竖起了大拇指。

(六) 可持续发展能力增强

党的十八大以来,延安市把脱贫攻坚与乡村振兴结合起来,促进城乡融合发展,一二三产业平衡发展,县域经济均衡发展,增强了当地贫困群众的脱贫内生动力和可持续发展能力。

1. 城乡融合发展

对于延安来说,城乡统筹发展是一项长期的任务。脱贫攻坚以来,延安市积极创新发展理念,把城乡统筹作为经济社会发展战略的全新课题,作为解决"三农"问题的重大举措。按照"以工促农、以城带乡"的发展思路,推动城乡均衡发展,促进城乡共同繁荣。如今,延安城乡融合的步伐越来越快,城乡正在向平衡的目标迈进,城里人和乡下人的差别正在一天天缩小。

在推动延安城乡协调发展,实现城乡一体化的进程中,延安始终把解决民生问题作为统筹城乡发展的重中之重。通过实施民生"八大工程",② 让延安农民拥有了和城镇居民一样的发展机会,让他们生活得更幸福。

"八大工程"具体包括,实施教育"两免一补"政策,促进城乡教育均衡发展。购买公益性岗位、加强就业培训教育,基

---

① 《宝塔区:国外专家话宝塔苹果》,2016 年 10 月 14 日,延安市人民政府网(http://dl.yanan.gov.cn/xwzx/qxkx/197525.htm)。

② 民生"八大工程":主要包括教育工程、就业和再就业工程、公共卫生工程、社会保障工程、住房保障工程、农村基础设施建设工程、公益性文化体育设施建设工程、城乡社区服务体系建设工程。

本消除"零就业"家庭。全面推行新型农村合作医疗、城镇居民医疗保险制度，积极创建平价医院。启动新型农村社会养老保险试点，完善城乡最低生活保障制度。坚持"宜搬则搬、宜改则改"原则，紧盯"竣工率、配套率、入住率和群众满意度"，全面推进"两房建设"。① 实现城乡道路互联互通，加快黄河引水后续工程，推进电网基建和城农网改造。实施文化惠民工程，完成基层综合性文化服务中心建设任务，完善城乡公共体育设施，深入开展群众性体育活动。完善城乡社区治理，构建网格化社区管理新模式，全面推进标准化社区建设。

而且，从2017年10月起，延安农村低保补助标准由每人每年的3015元提高到3470元，城市低保补助标准由每人每月的470元提高到510元。② 同时在享受低保补助的基础上，按比例增发低保金，实施分类施保，做到了脱贫不脱保，让他们离幸福美好的生活越来越近。

"真的没想到，政府给咱每年补贴1200元养老保险，我再交一点就和城里人每年交的差不多了。"③ 说起交城乡居民养老保险的事，安塞区白坪街道办郝家窑村的村民李星星乐开了怀。

2. 一二三产业平衡发展

2015年以来，延安紧紧围绕国务院办公厅发布的《关于推进农村一二三产业融合发展的指导意见》，以做强一产、做优二产、做活三产为目标，构建农业与二三产业交叉融合的现代产业体系，推动了一二三产业平衡发展。

"富县围绕培育脱贫产业，以农业产业'后整理'作为重要

---

① "两房建设"：易地扶贫搬迁和农村危房改造。
② 《延安农村低保提高到每人每年3470元》，2017年11月22日，延安新闻网（https：//xian.qq.com/a/20171122/034118.htm）。
③ 《走进幸福新时代——安塞区社会民生事业发展纪实》，《延安日报》2019年12月12日第5版。

抓手，不断延伸农业产业的链条，推动一二三产融合发展，让广大农民分享产业链增值效益，以此拓宽农民增收渠道。"① 富县县委书记李志锋说。

苹果产业是富县的主导产业。由于苹果效益好，富县适宜种植苹果的土地已近饱和，靠扩大面积增加农民收益已经不可持续。因此，富县按照延安苹果产业"后整理"部署，提升选果线、气调库、冷链运输车、产品包装等苹果产业装备水平，在产业后端上下功夫。"在经过清洗、烘干、打磨、分级之后，苹果销售价格每斤至少要高出5毛钱。"② 富县绿平果业总经理付磊说。

为此，富县抓住"后整理"促进产业升级这个关键，围绕大米、蜂蜜、肉驴等产品，做强后续产业，通过企业的分拣、分选、加工、销售等产业后整理，促进一二三产融合发展，把贫困户镶嵌在产业发展的链条上，使贫困户拥有长期稳定的增收渠道，形成了产业增效、企业壮大、贫困户脱贫的共赢局面。

3. 县域经济均衡发展

2015年以来，延安认真落实党中央决策部署和省市工作要求，围绕追赶超越的整体部署和战略目标，采取积极有效的措施，推动延安2区1市10县的经济保持均衡较快增长，进一步推动全市实现经济转型高质量发展。

县域经济总体保持均衡增长，增速差距不断缩小。2019年上半年，全市县域经济总量525.65亿元，占陕西省县域经济比重10.7%，高于陕西省县域水平3.1个百分点。从GDP增速看，除黄陵县外，其他10个县的增速差距不大，并且均高于陕

---

① 《陕西富县产业扶贫纪实：延伸产业链拓宽致富路》，2018年12月17日，中国农业新闻网（http://www.farmer.com.cn/2018/12/17/99157018.html）。

② 同上。

西省县域平均增速。①

人均生产总值显著提升，综合位次居陕西省前列。2018年，全市人均生产总值有5个县在陕西省80个县中居第一方阵。分别是志丹县（第6位）、吴起县（第8位）、黄陵县（第7位）、洛川县（第11位）、安塞县（第16位）。并且全市人均固定资产投资中有5个县位次靠陕西省前列，安塞县、吴起县、黄陵县、富县、志丹县分别居第10、12、14、16、17位。②

在脱贫攻坚中，延安不仅实现了城乡地区的融合发展、一二三产业的平衡发展、县域经济的均衡发展，同时还通过"绿色革命"改变了当地的生态环境质量，提高了贫困群众的收入，取得了生态效益和经济效益"双赢"的效果。如今，"红色圣地，绿色革命"已经成为延安新的代名词，而绿色、生态更为延安地区经济社会实现可持续发展提供了强有力的绿色支撑。

---

① 《上半年全市县域经济发展简析》，2019年10月31日，延安市人民政府网（http：//www.yanan.gov.cn/gk/zfzb/2017n/404745.htm）。

② 《延安市县域经济发展不平衡、不充分问题的思考》，2018年1月9日，延安市人民政府网（http：//www.yanan.gov.cn/gk/tjxx/tjfx/318517.htm）。

四 七个扶贫举措见实效

地处黄土高原腹地的延安,沟壑纵横、生态脆弱,历史上极端贫困,而如今这片黄土地展现出山川秀美、产业兴旺、人民富裕,一派生机勃勃的景象。延安所有贫困县全部脱贫摘帽,226万延安人民历史性地告别绝对贫困,走上了奔向全面小康的幸福大道。那么,这一脱贫奇迹背后的诀窍是什么?

新时代以来,延安脱贫致富的"法宝"可以概括为七个方面:扶贫组织工作有力、精准施策扎实推进、扶贫资金有效融合、产业扶贫全面开花、生态扶贫绿山富民、社会扶贫凝聚合力、精神扶贫拔掉穷根。依托这些有效措施,延安坚决打赢脱贫攻坚战,推动实现人民对美好幸福生活的向往和追求。

(一)组织扶贫工作:"四级书记"共抓扶贫

党的领导是推进脱贫攻坚工作的根本保证。党中央要求落实党政一把手的政治责任,省、市、县、乡、村"五级书记"一起抓扶贫,实行严格责任制。延安作为地级市,根据这一要求作出了市、县、乡、村"四级书记"抓扶贫的工作部署。从市委书记、市长,再到各区县、各乡镇党政主要负责人,以高度的使命感和责任感,把老区发展和老区人民生活改善时刻放在心上、抓在手上,做到目标明确、任务明确、责任明确、举措明确。对标"两不愁三保障"的标准，按照"村村过硬、户户过硬、全面过硬"的要求，确保延安地区所有贫困人口同全国人民一起进入全面小康社会。

1. 抓脱贫规划部署

唯有运筹帷幄之中，方能决胜千里之外。以"四级书记"抓扶贫为工作机制，对脱贫攻坚作出明确战略部署和清晰的战略规划，是延安打赢脱贫攻坚战的关键。

一是提出"分两步走"脱贫攻坚规划。

摸清现状，确定目标。以"四级书记"为领导主体，延安在认真分析贫困地区的自然条件、基础设施、产业发展和公共服务事业等基本情况的基础上，充分掌握了贫困地区的现状。确定第一阶段的脱贫目标是，2015—2018年，消除贫困，实现整体脱贫。第二阶段的目标是，2019—2020年，做到扶持政策不减、工作力度不减、资金投入不减，巩固脱贫攻坚成果，提高小康社会的建设水平和质量。

细化目标，精准脱贫。以"四级书记"为责任主体，延安市先后出台了《延安市"十三五"农村扶贫开发规划（2016—2020年）》《延安市打赢脱贫攻坚战和巩固脱贫成果三年行动实施方案》《延安市2019年脱贫攻坚工作要点》等决策部署文件，对打赢脱贫攻坚战的总体要求、目标任务、工作重点、保障措施、组织领导等方面作出了具体的指导。

二是提出脱贫攻坚十项重点工作。

延安市委市政府充分调研，结合实际，明确将产业扶贫行动、就业扶贫行动、"两房"建设扶贫行动、激发内生动力行动、健康扶贫行动、教育扶贫行动、生态扶贫行动、助残脱贫行动、兜底保障扶贫行动、基础公共服务设施提升行动十项工作，作为延安市脱贫攻坚的重点工作。从多方面、多角度促进脱贫攻坚决策部署的推进和落实。

三是为脱贫攻坚提供政策和组织保障。

延安市出台了搬迁扶贫、产业扶贫、生态扶贫、健康扶贫、教育扶贫、兜底扶贫等一系列配套政策文件，为脱贫攻坚提供了政策保障。同时，在市脱贫攻坚领导小组下，设立了脱贫攻坚指挥部以及产业扶贫办、就业创业办、易地搬迁办、危房改造办、生态扶贫办、医疗救助办、教育扶贫办、兜底保障办八个办公室，基础公共服务设施建设保障组、资金保障组，即"八办两组"，组织、协调、配合脱贫攻坚工作的具体落实。

2. 抓脱贫责任分工

唯有明确职责分工，方能做到责权明确。延安市、县、乡、村"四级书记"坚持把脱贫攻坚作为第一政治任务和第一民生工程，进一步夯实各县（市、区）市委、市级包联领导和市级包扶部门的责任。特别是县区委书记要亲自抓，乡镇党委书记要一线抓，村党支部书记要直接抓，做到对扶贫政策、扶贫对象和工作措施了如指掌。一级带着一级干，一级做给一级看，与贫困群众户户见面，列出问题清单、制定工作措施、夯实工作责任。

一是市级书记抓组织推动。以市级书记为代表的党委、政府承担资源配置、政策配套、协调指导、组织推动等职责。

二是县级书记抓规划落实。以县级书记为代表的党委、政府承担政策落地、工作落地、责任落地等工作职责。同时，承担驻村工作队日常管理职责，建立驻村工作领导小组，负责统筹协调、督查考核。

三是乡镇书记抓工作开展。以乡镇书记为代表的党委、政府指导驻村工作队开展精准识别、精准退出等工作，支持驻村工作队落实精准帮扶政策措施，帮助驻村工作队解决实际困难。

四是第一书记抓具体实施。驻村第一书记直接带领贫困群众进行发展产业、移民搬迁、生态扶贫等工作。

延安各县（市、区）党委每个季度至少开1次专题会议，研究脱贫攻坚工作。贫困县党委每月至少专题研究1次脱贫攻坚工作。贫困县县委书记每个月要有5个工作日用于扶贫。在明确"四级书记"职责分工的基础上，形成抓脱贫攻坚的常态化工作机制。

3. 抓脱贫队伍建设

唯有士风劲勇，方能所向无敌。锻造一支敢打扶贫仗、会打扶贫仗、能打扶贫仗的"扶贫铁军"，是打赢脱贫攻坚战的依靠力量。

抓好扶贫"四支队伍"的管理。2015年以来，在"四级书记"带领下，延安加强对驻村工作队、贫困村第一书记、乡镇包村干部、村"两委"干部这"四支队伍"的管理。组建了1499个驻村工作队，选派了1807名优秀干部担任驻村第一书记，2.69万名干部进村入户开展帮扶。[①] 确保全市所有行政村，村村有第一书记，贫困村村村有驻村工作队，贫困户户户有帮扶责任人。

抓好扶贫队伍的教育培训。如何解决扶贫干部工作积极性不高、不擅于抓扶贫工作、不会开展扶贫工作的问题？延安市在"四级书记"的带领下，一方面，认真开展"不忘初心、牢记使命"主题教育。深化"讲政治、敢担当、改作风"专题教育，大力弘扬延安精神，深入萃取梁家河大学问精华，进一步增强打赢脱贫攻坚战的责任感和使命感。另一方面，根据各级扶贫干部的职责分工，分级分类开展培训工作，实现培训的全覆盖，提高扶贫干部的工作能力。

抓好扶贫队伍激励机制建设。延安建立起了干部调整任用与脱贫攻坚成效挂钩制度。坚持严管与厚爱扶贫干部相统一，

---

① 数据来源：延安市扶贫办。

切实用好党政干部鼓励激励办法、容错纠错办法、省管党政领导干部能上能下办法，简称为"三项机制"。为能干事者戴红花、给担当者开绿灯、让慵懒者腾板凳，努力打造一支懂扶贫、会帮扶、作风硬的扶贫干部队伍。

干部帮，群众干，脱贫致富能实现

延川县永坪镇黄家圪塔村全村人都住在沟道里，山大沟深、土壤贫瘠。村里的年轻人几乎都外出了。包扶单位给村里建起231座温室大棚，可祖祖辈辈种粮的老乡没人种过大棚菜。村干部一家一户上门做工作。

由于不懂种植技术，蔬菜苗很快就会死掉；不会管理，西瓜总是长不大；好不容易收获了，却常常面临果蔬卖不出去的困境。驻村第一书记田婷想尽各种办法，请来专家和技术员实地培训，帮助贫困户解决种植困难。

驻村一年多，田婷交出了一份令人民群众满意的成绩单：2018年，全村大棚收入达300多万元，种大棚的15户贫困户，人均收入超过1万元。55户贫困户，只剩下4个兜底人口。脱贫户几乎家家都有产业，2018年年底，黄家圪塔村实现整村脱贫退出。

"干部帮，群众干，脱贫致富能实现。"……在延安的山山峁峁间，这样的标语随处可见。延安的党员干部指出："没有抓过脱贫的干部，人生是不完整的！"[①]

4. 抓脱贫工作落实

唯有真抓实干，方能见脱贫成效。为推进脱贫攻坚决策部署的落实，延安13个县（市、区）以"四级书记"为代表的重点责任部门，层层签订责任书，确定脱贫时间表，立下脱贫军令状。向全市人民作出庄严承诺：紧盯贫困人口脱贫，贫困村

---

① 孙波等：《延安脱贫了》，《求是》2019年第13期。

退出，贫困县摘帽，实现全市整体脱贫的目标任务。

签订军令状促进工作落实。2018年3月26日，延安市委的一间会议室内，气氛庄重肃穆，全市脱贫攻坚誓师动员大会正在举行。37岁的安塞区化子坪镇党委书记野根利坐在会场里，越听心跳越快。这次大会与以往大有不同，从市委书记、市长，再到各区县、各乡镇党政主要负责人，每个人的面前都摆有一份军令状。军令状末尾如此写道："如若完不成任务，我将引咎辞职。"① 这意味着压在各级扶贫干部肩上的是沉甸甸的责任和工作压力，脱贫攻坚工作必须真抓实干，确保脱贫工作务实、脱贫过程扎实、脱贫结果真实。

调研访问"三个全覆盖"促进工作落实。市级书记及主要领导遍访贫困县、乡、镇，县级书记及主要领导遍访贫困村，乡镇书记、村党支部书记及其主要领导遍访贫困户。深入贫困户家中，详细了解他们的家庭状况、致贫原因、收入来源、脱贫措施落实等情况。每月至少开展一次驻村蹲点督导调研，明确任务清单、抓好督导落实，确保任务细化到量、具体到点、落实到人。

加强督查考核促进工作落实。延安市聚焦真扶贫、扶真贫、真脱贫，将脱贫攻坚纳入年度目标责任考核，实行"一票否决"②。坚持月督查、季晾晒、半年考评，年终考核制度，组织开展全市范围的督查检查，加大扶贫领域监督执纪问责工作力度，有力促进了各项任务落实。

---

① 孙波等：《延安脱贫了》，《求是》2019年第13期。
② 所谓"一票否决"，是指政府部门干部考核里，在规定的多项任务中，有任意一项或者特定某项没有完成，则评估为整体不合格。《延安市年度目标责任考核实行党风廉政建设责任制目标考核"一票否决"暂行办法》规定，凡被党风廉政建设责任制"一票否决"的县区或市级部门，在年度目标责任制考评中，取消其受奖资格。被"一票否决"的县区、部门及所属单位，将被确定为问责问廉问效对象，予以责任追究。

(二) 推进精准扶贫：围绕"四个问题"扶贫

脱贫攻坚贵在精准，重在精准，成败之举在于精准。延安贯彻中央的精准扶贫、精准脱贫基本方略，按照"扶贫对象精准、项目安排精准、资金使用精准、措施到户精准、因村派人精准、脱贫成效精准"，即"六个精准"要求。紧紧围绕"扶持谁、谁来扶、怎么扶、如何退"四个问题。根据中央提出的发展生产脱贫一批、易地搬迁脱贫一批、生态补偿脱贫一批、发展教育脱贫一批、社会保障兜底一批，即"五个一批"工程，举全市之力实施细化的"八个一批"脱贫工程。因人因地施策，因贫困原因施策，因贫困类型施策，对不同原因、不同类型的贫困，采取不同的脱贫措施，对症下药、精准滴灌、靶向治疗。

1. 明确"扶持谁"的问题

扶贫必先识贫。精准扶贫的关键是要把扶贫对象摸清搞准。至2014年年底，延安仍有3个国家重点贫困县、693个贫困村。只有把其中真正的贫困人口找出来，明确帮扶主体，掌握扶贫对象的贫困状况、致贫原因和帮扶需求，才能做到因户施策、因人施策。

建档立卡把贫困户找出来。自2014年起，延安在精准扶贫工作中，通过建立贫困户档案卡，对贫困户进行精准识别和管理。2017年，全面开展建档立卡"回头看"工作。各县区均成立了50—60个摸底核查小组，进行扶贫对象核实及数据清洗工作。严格按照农户申请、村组评议、乡镇核实、县区审定、县乡村三级公示的程序，对原来不在建档立卡范围内，但符合贫困人口识别条件的农户一律予以纳入。对2014年以来已脱贫的，按照"两不愁、三保障"的要求重新核实。未达到脱贫标准的全部返贫，对不符合标准的在册贫困户予以剔除。在此基础上，建起了全市扶贫信息系统。

精准把握贫困户信息。通过数据清洗核实，摸清在册贫困人口及其致贫原因等情况的基础上，在贫困户家门口都钉有牌子，清楚地写着户主姓名、家庭情况、个体扶贫计划等内容。各村的信息公开栏里，本村的贫困户、致贫原因、帮扶干部、扶贫规划等信息都一目了然。

建立手机APP，及时掌握贫困人口信息动态。延安市的精准扶贫大数据平台手机APP，汇集了扶贫对象基础信息、医疗、就业、产业、扶贫项目、扶贫资金等数据。各级管理人员可以通过手机APP，了解本辖区扶贫对象基本情况及帮扶措施成效。"四支队伍"和帮扶责任人可以通过手机APP，了解所在贫困村和贫困人口基本情况，为精准扶贫工作的开展提供了强有力的支撑。

2. 明确"谁来扶"的问题

推进脱贫攻坚，关键是责任落实到人。贫困群众是脱贫主体，以"四级书记"和"四支队伍"为代表的扶贫干部及社会力量是帮扶主体。努力做到分工明确、责任清晰、任务到人、考核到位，既各司其职、各尽其责，又协调运转、协同发力，解决"谁来扶"的问题。

扶贫干部是帮扶主体。各级扶贫干部深入群众、深入实际，联系帮扶贫困户增收致富。通过组织开展贫困户建档立卡工作，制订实施贫困户脱贫计划，指导实施产业发展、移民搬迁等各类扶贫开发项目，对贫困户进行精准帮扶。市级领导每人帮扶3户贫困户、市直部门单位县级领导每人帮扶2户贫困户、科级干部每人帮扶1户贫困户。各县区安排本县区干部对剩余贫困户进行帮扶，做到帮扶全覆盖。

贫困群众是脱贫主体。"摆脱贫困首要并不是摆脱物质的贫困,而是摆脱意识和思路的贫困。"① 延安坚持把扶贫与扶志、扶智相结合,用好外力、激发内力,形成脱贫攻坚的合力。要求各级党委、政府做好产业扶持、就业培训、文化教育、移风易俗等工作,让贫困群众的心热起来,行动起来,靠辛勤劳动改变贫困落后的面貌,充分发挥贫困群众的主体作用。

社会各界是帮扶力量。扎实推进"万企帮万村"行动,积极为民营企业参与脱贫攻坚提供政策、融资、项目、信息等方面的服务。同时,发动和引导社会团体、个体工商业、各级工会助力脱贫攻坚,鼓励支持全市社会组织和个人参与精准扶贫,开展扶贫志愿者行动和社会捐赠活动,凝聚社会帮扶的合力。

3. 解决"如何扶"的问题

打好脱贫攻坚战,关键是聚焦再聚焦、精准再精准。俗话说,治病要找病根,扶贫也要找"贫根",开对了"药方",才能拔掉"穷根"。延安在深刻分析贫困地区特点的基础上,根据中央提出的精准扶贫"五个一批"脱贫工程,进一步细化确定了"八个一批"脱贫工程。对于有劳动能力的,通过产业扶持、就业创业、教育支持等办法实现脱贫。对于丧失劳动能力的,通过社会保障实施兜底扶贫。对于因病致贫的,实施医疗救助帮扶。对于居住在"一方水土养不起一方人"的地方,通过易地搬迁、危房改造、生态补偿等方式实现脱贫。总之,瞄准特定贫困村、贫困群众进行精准帮扶。

一是发展产业脱贫一批。对贫困人口中有劳动能力、有耕地或其他资源,但缺资金、缺产业、缺技能的,立足当地资源,宜农则农、宜林则林、宜牧则牧、宜商则商、宜游则游,通过扶持发展特色产业,实现就地脱贫。

---

① 《习近平扶贫重要论述摘编》,中央文献出版社 2018 年版,第 3 页。

二是易地搬迁脱贫一批。通过对生存环境恶劣，没有安全住房的农村贫困人口实施易地搬迁安置，从根本上改善其生存和发展环境，使贫困户彻底"挪穷窝、断穷根、移穷业"，阻断贫困代际传递的可能。同时，对于搬迁群众实施集中就业安置，确保贫困群众搬得出、稳得住、能致富。

三是危房改造脱贫一批。紧紧围绕实现"住房安全有保障"目标，把建档立卡贫困户放在突出位置。全力对建档立卡贫困户、低保户、农村分散供养特困人员和贫困残疾人家庭等四类重点对象进行危房改造，有效改善农村贫困家庭的住房安全问题。

四是就业创业脱贫一批。大力开展职业技能培训和转移就业，做到每户有劳动能力的贫困户都有1人稳定实现就业。通过实施就地就近就业，引导在延企业吸纳贫困户劳动力就业。通过公益岗位安置就业，解决"三无"贫困劳动力的就业问题。同时，鼓励创业带动就业、扶贫协作解决就业、职业技能培训推动就业等多种形式，实现就业增收脱贫致富。

五是生态补偿脱贫一批。全面落实生态公益岗位就业脱贫、生态效益补偿增收、退耕还林工程倾斜、林业产业发展致富、林业工程劳务创收等脱贫措施。选聘生态护林员，开展林下种养、食用菌生产和核桃等干果经济林实用技术培训，拓宽生态扶贫领域，有效增加贫困群众收入。

六是教育支持脱贫一批。延安整合各类教育培训资源向贫困地区倾斜、向基础教育倾斜、向职业教育倾斜。帮助贫困地区改善办学条件，对贫困户实施免费职业技能培训，使每个有劳动能力的贫困人口掌握1—2门实用技术。全面落实贫困家庭学生从学前教育直至大学毕业全程资助政策，不让一名贫困家庭子女因为贫困而失学。

七是医疗救助脱贫一批。围绕"基本医疗有保障"的目标，保障农村贫困人口能够公平享有基本医疗服务。全面落实健康扶贫政策，不断完善基本医保、大病保险、补充医疗保障、医疗救助和兜底"五重"保障体系。实现有地方看病、有医生看病、有制度保障看病，减少因病致贫返贫的贫困人口。

八是兜底保障脱贫一批。对于建档立卡贫困户中，无劳动能力、无生活来源、无法定赡养义务人的贫困户，依法纳入特困人员救助供养范围。通过进一步完善社会救助体系，扩大兜底保障覆盖面，确保这一类贫困人口的基本生活。

哪里有贫困户，精准帮扶的触角就伸到哪里

几记重锤，突然把延安安塞区的村民李东东，打入了贫困的深渊。父亲得了肺结核，母亲心脏病病倒。医院成了家，家成了医院。钱花了，种的蔬菜大棚荒了。可日子还得继续，咬着牙娶了媳妇，却发现儿子患上脑瘫。2016年，妻子又被查出患上了癌症。"老天爷啊，你为何对我如此不公！"① 夜深人静的时候，李东东曾冲着天嘶号。

就在这时，精准脱贫攻坚战打响了，2016年李东东被列为建档立卡的贫困户。干部的帮扶精准到位：妻子做手术，报销90%的医疗费，政府送药上门。大儿子被送到延安的特殊学校就读，学费全免还有生活补助。上初中的小儿子每学期也有400元生活补贴。通过易地搬迁，他自费了1万元就住进了新房，全家人蜗居了几十年的窑洞，一朝告别。同时，安塞区又为贫困户办起了腰鼓培训班，李东东成了骨干成员，演出不断，收入稳定增加。精准扶贫的曙光照亮了这个苦难之家。

穷有千种，困有万般，解决的秘诀只有一个字：干！可具体的干法却不能"一招鲜"。因地制宜、因村因户因人施策，不搞大水漫灌，这是延安人为脱贫开出的药方。

4. 解决"如何退"的问题

精准扶贫是为了精准脱贫。延安不断建立健全稳定脱贫长

---

① 孙波等：《延安脱贫了》，《求是》2019年第13期。

效机制,把防止返贫和继续攻坚放在同等重要的位置上。对已经摘帽的贫困县、贫困村、贫困户,要继续巩固,增强自我发展能力,努力做到脱真贫、真脱贫,确保扶贫工作务实、脱贫过程扎实、脱贫结果真实。

第一,设定时间表。以2018年实现延安整体脱贫为时间点,既防止拖延病,又防止急躁症,实现贫困人口有序退出。

第二,留出缓冲期。在一定时间内对已脱贫摘帽的县,坚持"四个不摘",即不摘责任、不摘政策、不摘帮扶、不摘监管。做到"五个不减",即扶持政策不减、工作力度不减、资金投入不减、帮扶力量不减、督查考核不减。培育和巩固贫困人口的自我发展能力。

第三,实行严格评估。对照贫困户退出"五条标准"[①],贫困村和贫困县退出"七条标准"[②],规范贫困县、贫困村、贫困人口的退出工作。严格执行贫困退出标准和程序,客观评估脱贫结果的真实性和准确性。

第四,实行逐户销号,做到脱贫到人。对建档立卡的贫困户实行动态管理,脱贫了逐户销号,返贫了重新录入。做到政

[①] 贫困户退出"五条标准":一是家庭年人均纯收入超过扶贫标准(2010年不变价2500元);二是有安全住房;三是无义务教育阶段辍学学生;四是家庭成员全部参加新型农村合作医疗和大病保险;五是有安全饮水。

[②] 贫困村退出"七条标准":一是贫困发生率低于3%;二是农村居民人均可支配收入达到当年全省农村居民人均可支配收入60%以上;三是有集体经济或合作组织、互助资金组织;四是行政村通沥青(水泥)路;五是有安全饮水;六是电力入户率达到100%;七是有标准化村卫生室。贫困县退出"七条标准":一是贫困发生率低于3%;二是农村居民人均可支配收入达到当年全省农村居民人均可支配收入70%以上;三是通沥青(水泥)路行政村比例达到97%;四是农村自来水普及率不低于90%;五是电力入户率达到100%;六是有安全住房农户达到97%;七是97%以上的贫困人口参加新型农村合作医疗和大病保险。

策到户、脱贫到人、有进有出。把脱贫质量放在首位，建立防返贫机制，持续巩固提升脱贫攻坚成果。不断增强贫困群众获得感、幸福感和安全感，确保脱贫成效经得起历史和人民的检验。

（三）融合扶贫资金："三类"资金盘活产业

扶贫资金被视为"救命钱"，是贫困群众脱贫致富的希望之所在。在脱贫攻坚过程中，延安市不但做到了加大扶贫资金的投入，而且管理好每一笔扶贫资金的使用。努力激发扶贫资金的"撬动效应"，用少量的资金，撬动当地经济和产业的发展，从而实现脱贫致富的目标。

1. "三类"资金投入强化扶贫保障

在脱贫攻坚过程中坚持政府、市场、社会多方联动，延安市全面满足脱贫攻坚的资金需求。发挥政府财政投入在扶贫工作中的主体和主导作用。同时加大金融资金投入，吸引社会资金参与，积极开发新的资金融入渠道。全方位、多渠道的资金投入为延安市的脱贫攻坚工作提供了强有力的资金保障。

扶贫开发资金投入主要来源于以下三个方面：

一是财政扶贫资金投入。2015—2019年，中央和各级财政累计向延安投入扶贫资金62.5亿元，[①] 规定市县财政投入不得低于当年地方预算财政收入的2%，增幅不得低于上年的30%。

二是强化金融扶贫资金投入。延安市建立了"产业扶贫担保基金"，确保符合条件有贷款需求的产业贫困户及时得到信贷

[①] 《延安 告别贫困》，《人民日报》（海外版）2019年5月8日第1版。

扶持。各县区每年筹措1000万元以上小额扶贫贴息贷款担保基金。截至2019年年底,延安市13个县(市、区)扶贫小额信贷担保基金均达到1000万元以上。2015年以来,全市累计发放扶贫小额信贷2.47万户、9.14亿元,累计还款1.02万户、3.36亿元。①

三是充分发挥互助资金作用。扶贫互助资金以财政扶贫资金为引导,村民自愿按一定比例缴纳互助金,建立民有、民用、民管的生产发展资金。经过互助资金合作社调查认可,有合作社的会员担保,群众就可以低利率贷到发展产业的小额资金。截至2019年年底,延安市共组建互助资金协会934个,资金总量达到3.2869亿元,满足贫困群众产业发展资金需求。②

2. 统筹整合资金使用支持产业发展

加强了对扶贫资金的使用管理。延安市不仅关注扶贫资金"谁拿了"的问题,而且对"钱是怎样花的""花得对不对"等问题进行充分的调查和落实,坚持"打酱油的钱不能用来买醋",切实提高资金的使用效率。

明确资金的使用方向,重点支持产业发展。扶贫资金投入主要用于支持易地扶贫搬迁及危房改造、培育特色产业发展、贫困地区基础设施建设和公共服务以及贫困人口的教育培训等方面,确保每一分钱都用在贫困群众生活质量的改善和生存条件的提高上,尤其是用于支持贫困地区产业发展。

加强涉农资金整合,培育发展特色产业。延安要求财政专项扶贫资金和涉农整合资金的60%以上用于贫困人口发展产业。围绕培育和壮大特色优势产业,支持扶贫对象发展种植业、养殖业、农副产品加工业、民族手工业、乡村旅游业。支持电商、

---

① 数据来源:延安市扶贫办。
② 同上。

光伏、冷链、仓储物流等新兴扶贫产业,通过资金支持、贷款贴息、互助资金等形式,扶持贫困人口发展产业。

创新资金运作模式,把贫困户嵌入产业链。延安富县在实施精准扶贫中,实施了"政企联手包扶贫困户机制",根据包扶贫困户的多少,政府给予每家企业20万—40万元不等的资金扶持。富县绿平果业有限责任公司负责包扶贫困户张百平,使得张百平实现了种植果园投资不愁、销路不愁,还有技术支持。4亩果园由年收入8000元增至3.6万元,增收效果明显。

3. "三变"改革带动农村产业发展

穷则思变。延安市坚持以新发展理念为引领,以推进农业现代化为方向,深入推进以"资源变资产,资金变股金,农民变股东"为主要内容的"三变"改革。各村立足资源禀赋,发展特色产业,积极探索出符合自身实际的发展道路,成功打造出了一批"三变"改革带动产业发展的样板村,有效推动了农业产业结构调整,实现了农民增收、农业增效和农村繁荣的目标。

"三变+现代果业"。志丹县稠树梁村针对农民长期守着"金土地"却端不上"金饭碗"的问题,引进龙头企业陕果集团到该村进行土地流转和现代果业基地建设。鼓励农民以资金、劳动力、果园等形式到企业入股,实现让贫困户脱贫、让经营者获利、让农户受益的目的。

"三变+特色种养"。吴起县党畔村充分挖掘整合村里各类资源要素。依托专业合作社、家庭农场等经营主体,引导贫困户将土地入股合作社或者家庭农场,实行集约化、规范化经营,发展山地苹果和油用牡丹等特色种植业以及牛羊养殖业。以产业示范效应带动群众致富。

"三变+乡村旅游"。安塞区南沟村依托丰富的生态优势和区位优势,积极引导村民以土地、人口、资金等资源入股经营主体，带动群众发展乡村旅游业。通过"三变改革"，南沟村激活各类资源要素，打造了集休闲垂钓、生态小木屋酒店、AR体验馆、民歌风情小镇等为一体的乡村旅游开发模式。走出一条"以旅带农、以农促旅、农旅共兴"的旅游发展新路，使得村民人均可支配收入由2014年的4600多元提高到2017年的1.3万多元。①

（四）推进产业扶贫：从无中生有到冷中生热

产业脱贫是解决贫困群众生存和发展问题的根本方式，也是打赢脱贫攻坚战的治本之策。延安牢固树立"户户有增收项目、人人有脱贫门路"的目标，以"无中生有，有中生新，冷中生热"为策略，大力发展传统特色产业，不断培育新兴产业，有效提升了贫困地区的自我发展能力。

1."无中生有"大力发展新兴产业

延安在优势资源开发、多层次产业发展上拓思路、做文章，大力发展休闲农业、光伏产业、新能源产业和电子商务等新兴产业，实现就地就近创业就业，全方位拓宽群众脱贫增收路径。

光伏扶贫"扶"出新动能。光伏发电是一种清洁高效、无污染、可再生的新型能源，并被国家确定为精准扶贫的重要举措。延安地势海拔高、日照时间长、辐射强度高、大气透明度好，具备开发太阳能资源的良好条件。在传统资源开采的同时，延安将"绿色资源"开发与当地扶贫工作相结合，积极实施

---

① 《陕西延安：农村"三变"改革 助力脱贫致富》，2018年1月30日，央广网（http://china.cnr.cn/gdgg/20180130/t20180130_524117377.shtml）。

"光伏扶贫"项目。延川县偏僻的贺家崖村,通过易地搬迁后,2018年在新村建起了630千瓦的光伏扶贫电站,对于全村90户贫困户脱贫起到了重要作用。村委会主任李月清高兴地说:"我们又有了光伏扶贫电站,每年可为村上带来61.4万元的收益。"①

截至2018年年底,延安光伏项目累计投资达到25亿元,总规模294.057兆瓦,项目惠及13个县(市、区)全覆盖、国定贫困县的贫困村全覆盖,帮扶21438户贫困户,并且建立了光伏扶贫收益精准分配的长效机制。②

电商扶贫激发新活力。有人说,在今天,"数字成了新农资,手机成了新农具,大棚成了直播间,直播成了新农活"。电商扶贫是为推动农村电商产业发展,促进贫困人口增收致富而培育的新产业。近年来,延安围绕电商扶贫工作,不断完善县域电子商务公共服务体系,广泛动员电商企业搭建农产品线上销售渠道。延安市黄龙县界头庙镇充分汇聚电商力量,实施农村淘宝项目。界头庙镇的苹果、核桃、花椒等20余种农特产品,通过电商渠道上线两个多月,销售已突破3万元。"以前光听说'电商',但自己一直不知道怎么弄,镇上有了电商服务中心后,我家的核桃和苹果就不愁卖了。"③ 看着家里的农产品有了销路,延安黄龙县的贫困户彭小军笑得合不拢嘴。

将高端能化作为主攻方向,加快推进工业转型升级。大力发展新能源、新材料、信息技术等战略性新兴产业,培育文化创意、新型金融、健康医养等现代服务业,开发"互联网+"

---

① 薛宝弟:《陕西省延安市延川县贺家崖村:光伏扶贫让贫困村走上致富路》,2019年1月24日,电力网(http://www.chinapower.com.cn/sognxw/20190124/1264153.html)。

② 数据来源:延安市扶贫办。

③ 《界头庙:电商扶贫"扶"出新活力》,2018年8月27日,黄龙县人民政府网(http://www.hlx.gov.cn/info/1039/49726.htm)。

等新业态。不断增强经济发展新动能,为促进贫困群众脱贫提供动力。

2."有中生新"壮大优势特色产业

延安有基本农田519.6万亩,总人口225.3万人,其中农业人口157.8万人。[①] 但是由于无法解决农业发展过程中存在的病虫灾害严重、种植技术不高、融资能力不强、发展资金不足、营销渠道不畅等问题,农业产业发展一直受到限制。

全市坚持因地制宜、"有中生新",确立了"垧塬苹果、沿黄红枣、河谷川道棚栽、沟道养殖"的生态产业布局。围绕林果、棚栽、养殖三大特色主导产业,着力发展千亿级苹果为重点的果业、千亿级奶山羊为重点的畜牧业、千亿级设施农业为重点的特色种植业。确保有劳动力、有发展条件和发展意愿的贫困户至少有1个稳定增收产业,实现了产业全覆盖,夯实筑牢群众脱贫基础。

苹果产业"种"出脱贫路。延安按照"果业强,果乡美,果农富"的要求,大力打造"苹果大产业,农民大脱贫"的产业扶贫模式,重点支持贫困县、贫困村、贫困户发展苹果产业。通过整合涉农资金向苹果产业倾斜,帮助贫困户改造老果园、新建高标准现代苹果园,提高苹果产量和质量。积极调动专业合作社和龙头企业,为贫困户免费提供种苗、技术、农资、销售等一条龙服务。同时,不断推进苹果产业发展的"后整理",延长产业链,提高苹果产业的附加值。

截至2019年,延安苹果种植面积达392.9万亩,80多万人从事苹果产业,覆盖有劳动能力贫困人口的70%以上,果业收入占农村居民人均可支配收入的50%。延安南部县区农民收入

[①] 《产业扶贫开出"良方" 特色农业遍地生"金"——市农业局以特色产业助推脱贫攻坚》,《延安日报》2017年12月7日第2版。

的90%都来源于苹果产业，有效带动了贫困群众脱贫致富。①

畜禽养殖产业"养"出好光景。按照"猪鸡牛羊蜂，生态养殖，种养加结合，强农富民"的思路，延安着力打造"南牛北羊果区猪，城郊养鸡山区蜂"的畜牧养殖产业布局。在南部林区，利用森林和作物秸秆资源，发展肉牛和蜜蜂养殖。在北部山区，利用草地和秸秆资源，发展羊子养殖。在苹果主产区，按照果畜结合模式，发展生猪养殖。在市区周边，利用市场和人口密集等优势，发展肉蛋鸡养殖。构建以区域化布局、规模化养殖、标准化生产、产业化经营、社会化服务为特征的现代畜牧业生产体系，增强综合生产能力和市场竞争能力。力争到2020年实现畜牧业产值36亿元，农民人均牧业收入持续增长。

川道棚栽产业"栽"出新生活。按照"规模化发展、精细化管理、品牌化销售、工厂化育苗"的发展思路，通过项目建棚、引资建棚、旧棚改造、工厂化育苗给予补助等方式，不断扩大川道棚栽产业规模，提高产业效益。

在延川县文安驿镇马家湾村的现代农业科技示范园区，栽培的蔬菜、花卉育苗、樱桃树、冬枣、桃树等新品种，颠覆了传统的栽培模式。通过无土栽培水肥一体化技术，自动灌溉、自动控制系统、自动化信息系统等现代设施栽培模式，让园子里的蔬菜瓜果连年丰收。

截至2019年年底，延川县已累计建成日光温室大棚7948座、大拱棚4764座。种植蔬菜面积达到2.98万亩，总产量达5.6万吨，实现产值3.8亿元，农民人均可支配收入达到8622元，有效实现了农民的经济增收。②

---

① 数据来源：延安市扶贫办。
② 同上。

3. "冷中生热"培育旅游扶贫新热点

延安市地处黄土高原的腹地，是黄河文明发祥之地、黄土文化发源之地、中华民族的圣地、中国革命的圣地。历史文化积淀深厚，红色文化驰名中外，黄土风情文化绚丽多姿。黄帝陵、黄河壶口瀑布、乾坤湾等人文自然景观得天独厚。在脱贫攻坚过程中，延安积极发挥旅游产业优势，寻找旅游与扶贫的结合点，采取"旅游+扶贫"的模式，带动贫困群众脱贫致富。2018年全市接待游客6343.98万人次，旅游综合收入410.7亿元。[①]

一是红色旅游热起来。作为全国爱国主义、革命传统和延安精神三大教育基地，延安具有丰富的红色旅游资源。市委市政府以力争将延安打造成中国共产党人的精神高地、全国红色旅游风情文化地。每年都会有数万名学生和团队到延安进行红色研学旅行活动，有效带动了当地经济的发展。

二是文化旅游兴起来。安塞区按照"培训一人、就业一人、脱贫一家"的思路，依托腰鼓、剪纸、农民画、民歌、曲艺人才资源优势，免费对贫困群众开展文化技能扶贫专项培训班，大大提高了群众的生活收入。安塞区把精准扶贫与文化旅游产业开发紧密结合，通过文化扶贫"点亮"了贫困群众的精神之光。

三是生态旅游火起来。依托得天独厚的绿水青山，延安把生态建设与旅游扶贫有机结合，在"绿"字上做扶贫文章。黄龙县全力打造"一城三川五廊十景区"，景点90%就业岗位用于安置周边贫困户，拓宽贫困群众就业渠道。当地的贫困户王凤卿说："现在旅游的人越来越多，我在这里卖卖葵花盘、土鸡

[①]《我市去年接待游客6343.98万人次 旅游综合收入410.7亿元》，《延安日报》2019年1月22日第8版。

蛋，日子越来越富裕了，吃喝不愁了。"①

四是乡村旅游活起来。延安128个村入选全国乡村旅游扶贫重点村，② 具有丰富的乡村旅游资源。按照"旅游＋陕北民俗""旅游＋特色采摘""旅游＋果蔬农产品基地""旅游＋特色农庄"等发展模式，延安大力培育乡村山水农林休闲地、陕北民俗体验地、青少年农村文化教育地等乡村旅游品牌，带动群众增收致富。

（五）推进绿色扶贫："生态扶贫"绿山富民

建设生态文明，关系人民福祉，关乎民族未来。党的十八大把生态文明建设纳入中国特色社会主义事业"五位一体"总体布局中，明确提出大力推进生态文明建设，努力建设美丽中国，实现中华民族永续发展。延安按照党中央提出的生态文明建设方案，首创生态扶贫。通过实施退耕还林工程、加大生态补偿、发展生态产业，实现了由黄到绿、由穷到富的根本性转变。延安成功走出了一条"绿水青山就是金山银山"的绿色发展之路，为世界提供了一个修复生态、绿色减贫的典型样本。

1. 退耕还林修复生态奠定脱贫基础

延安生态环境的脆弱，曾经陷入了越垦越荒、极度贫困的境地。为改善生态环境，实现人民富裕，1999年开始实施退耕还林工程，是"全国退耕还林第一市"。但当初退耕还林中生态

---

① 《黄龙生态旅游扶贫——遍地美景遍地金》，2017年6月27日，黄龙县人民政府网（http：//www.hlx.gov.cn/info/1142/28278.htm）。

② 《我市128个村被列为全国乡村旅游扶贫重点村 八大行动全面实施 贫困人口有望脱贫》，2016年10月17日，延安市人民政府网（http：//www.yanan.gov.cn/xwzx/bdyw/150791.htm）。

林占到了86%，经济林比重较低，再加上林木病虫害问题严重，难以有效带动群众脱贫致富。

开展新一轮退耕还林工程。2013年，延安市出台了《关于进一步实施退耕还林的意见》，决定在全市范围内实施新一轮退耕还林工程，用4年时间完成全市224万亩25度以上坡耕地退耕还林。新一轮退耕还林以经济林为主，结合当地主导产业发展，大力栽植山地苹果、红枣、核桃、山杏等经济林，让农民有稳定的产业收入。

做好"三篇文章"，确保新一轮退耕还林取得更大成效。一是做好造林护绿文章。按照每年70余万亩的进度，加快坡耕地退耕还林，大力推进城镇、村庄周边、公路沿线、河流两岸等造林绿化，最大限度增加绿化面积。二是做好群众致富文章。围绕退耕还林区域，每年完成10万亩治沟造地任务，以园区为载体大力发展现代农业，全力做大做强林果、棚栽、养殖、红枣等区域性优势产业，努力增加群众收入。三是做好城乡一体化文章。通过实施移民搬迁，有序推进城乡养老、社保、医疗等公共服务均等化，增强城镇吸纳就业能力、人口聚集能力和产业带动能力。促进更多群众进城进镇生活，给自然生态留下更多修复空间。

新一轮退耕还林修复生态成效明显。延安的植被覆盖率从2012年的67.7%，提高到2017年的81.3%。2017年，延安农民人均可支配收入达到11525元。[①] 实现了陡坡全绿化，林草全覆盖，生态更合理，群众更富裕的目标，为脱贫致富奠定了坚实的生态基础。

2. 生态补偿实现绿山富民互利共赢

有人可能会疑惑，"退耕还林使耕种粮食的土地减少了，为

---

① 数据来源：延安市扶贫办。

什么还能脱贫不发生饥荒呢?"延安在新一轮退耕还林的过程中,实施生态公益岗位就业脱贫、公益林生态效益补偿增收、退耕还林补助增收、林业产业发展致富、林业工程劳务创收及森林旅游服务增收、林业实用技术技能培训等"六项措施"。带动贫困户在林业领域的就业和增收空间,多渠道增加了贫困户收入,取得了生态修复、生态效益和经济效益"三赢"的效果。

退耕还林补偿。结合新一轮退耕还林的实施,对于自愿退耕的贫困户优先安排退耕补助资金,并且支持种植以山杏、山桃等为主的经济林。截至2018年年底,退耕还林补助资金涉及建档立卡贫困户57058户(次),164675人(次),补助资金15749万元,户均2760元。[1]

生态效益补偿。将符合条件的贫困村现有林地优先纳入国家或地方公益林地,给予贫困户生态效益补偿金。对贫困户抚育所承包林地的,经验收合格后进行补贴。每年落实森林抚育面积不少于2000亩,资金不少于20万元。按照产权明确、谁造补谁的原则,优先安排贫困户申请中央财政造林补贴。每年落实中央财政造林补贴不少于2000亩,资金不少于400万元。截至2018年年底,生态效益补偿涉及建档立卡贫困户30159户(次)、80795人(次),补偿资金2001万元,户均可增收663元。[2]

劳务扶贫增收。在组织实施林业建设工程时,优先聘用有劳动能力的贫困人员参与工程建设,实现劳务增收。同时,积极争取国家生态护林员指标,优先将符合条件的贫困人口聘为护林员,每人每年补贴1万元。截至2018年年底,全市共聘用建档立卡贫困户生态护林员4572人次,全市全年预计发放生态

---

[1] 数据来源:延安市扶贫办。
[2] 同上。

护林员薪酬1669万元。①

3. 发展生态产业走出绿色减贫之路

退耕还林改变的不仅仅是延安的生态，更催生了延安的生态经济。紧紧抓住"生态美、百姓富"两个目标，延安坚持走绿色发展之路，努力做到尊重群众意愿与遵循自然规律、经济规律相统一。在生态修复的基础上，延安创造性地走出了绿色发展与农民富裕共赢的道路，绿色发展成为延安向全世界亮出的新名片。

一是大力发展经济林产业。随着生态环境的变好，山地苹果、仁用杏、长柄扁桃、核桃、沙棘等经济林成了群众增收的好产业。黄龙县石堡镇磊庄村脱贫巩固户刘正喜说："我们家一共有11亩核桃园，前年收入七八千块钱，今年核桃收成基本能收入一万多块钱。"② 村主任郑关礼指出："下一步，准备建一个核桃深加工厂，把核桃脱皮、烘干，价格能提高，储存时间能长些，给群众带来好的利益。"③

二是鼓励发展苗木花卉及林下经济产业。延安适度引导贫困户培育刺槐、山杏、山桃、柠条等投资小、好销售的苗木，拓宽绿色产业增收渠道。洛川县培育出的"盆景苹果"，一盆可以卖到2000元。"盆景苹果"作为创意摆设，2017年还走进了人民大会堂，为党的十九大献礼。同时，延安也鼓励有条件的贫困户依托林地资源，大力发展种植、养殖、食用、药用、菌类、林产品加工等林下经济产业，增加收入。

三是加快发展森林旅游产业。依托退耕还林森林公园，延

---

① 数据来源：延安市扶贫办。
② 《延安：生态扶贫把青山绿水变成金山银山》，2019年5月20日，延安市宝塔区政府政务服务中心网（https://baijiahao.baidu.com/s?id=1634040031424348235&wfr=spider&for=pc）。
③ 同上。

安积极发展形式多样、特色鲜明的森林生态旅游业。2018年年初，吴起县吴起街道南沟村以南沟湖为中心，规划修建8.06平方公里的生态旅游度假村，开展民俗体验、瓜果采摘、水上项目等活动，吸引游客、吸引投资，成为当地脱贫攻坚的好项目。

（六）推进社会扶贫：多方协作凝聚群体力量

人心齐，泰山移。"脱贫致富不仅仅是贫困地区的事，也是全社会的事。要更加广泛、更加有效地动员和凝聚各方面力量。"[①] 在脱贫攻坚过程中，延安充分优化整合帮扶力量，通过推进中央单位定点帮扶，加强东西部扶贫协作，建立"3+X"帮扶体系，形成了政府主导、全社会参与的大扶贫格局。充分体现和践行了先富帮后富，携手奔小康的共同富裕理念。

1. 中央单位定点扶贫：让穷亲戚"富"起来

中央单位定点扶贫，主要是指中央和国家机关部门及企事业单位结合自身优势，定点帮扶脱贫难度较大的贫困县。延安的延长、延川、宜川3个县是国家级贫困县，属于脱贫攻坚中最难啃的"硬骨头"。2012年，中央发布了《关于做好新一轮中央、国家机关和有关单位定点扶贫工作的通知》，确定国家核电技术有限公司[②]、中国盐业总公司、中国证监会3家中央单位，分别与延安的延川县、宜川县、延长县建立结对帮扶关系，开展定点帮扶工作。

国家核电技术有限公司定点扶贫延川县。国家核电技术有

[①] 《十八大以来重要文献选编》（下），中央文献出版社2018年版，第50—51页。

[②] 国家核电技术有限公司与中国电力投资集团公司在2015年6月合并组建为国家电力投资集团有限公司。

限公司累计向延川县投资近 3000 万元。结合延川县的地区优势，国家核电技术有限公司大力帮扶延川县建设农业大棚，发展设施农业。截至 2019 年，已建设了 10 个现代农业示范园、930 座标准新型蔬菜大棚，带动 559 户 1800 人脱贫。[①] 同时，国家核电技术有限公司号召广大青年职工，对延川县百名贫困学生开展一对一帮扶，根据学生家庭情况，分阶段连续资助到阶段学业毕业为止，为延长县的教育扶贫贡献力量。

中国盐业总公司定点帮扶宜川县。中国盐业总公司立足宜川县实际，因地制宜、精准施策，全方位给宜川提供支持帮助。持续消除碘缺乏病危害，不断提高 12 万宜川人民的健康水平。2018 年，实施了为期 3 年的"扶贫盐"计划，每年为每人提供 4 公斤免费优质碘盐，共计 1500 吨。为助推宜川花椒产业的发展，中国盐业总公司花费 20 万元，研制出了 2.0 版的"花椒盐""漱口盐"和"花椒精油"，提高宜川花椒产业的附加值。通过中盐集团的帮扶，促进了宜川县花椒、核桃等产业提质增效，基础设施的全面改善，以及农特产品销售渠道的拓宽，有效加快了宜川脱贫攻坚进程。

中国证监会定点扶贫延长县。2013—2019 年，中国证监会累计向延长县投入引入帮扶资金 5900 多万元，实施扶贫项目 115 项、惠及 6000 余名贫困群众。[②] 在证监会的倾力帮扶下，延长县的基础设施建设、产业培育、扶教启智、健康卫生、金融服务、生态绿化等各个领域都发生了翻天覆地的变化。

坚持脱贫不脱帮扶。2018 年 9 月，延长县宣布脱贫摘帽。证监会仍然心系"远亲"，坚持脱贫不脱责任、不脱帮扶，助推

[①] 《以大扶贫格局凝聚力量攻坚克难》，《陕西日报》2019 年 5 月 14 日第 3 版。

[②] 《中国证监会累计投入引入帮扶资金 5900 多万元，实施扶贫项目 115 项、惠及 6000 余名贫困群众》，《延安日报》2019 年 11 月 15 日第 3 版。

延长县脱贫成果的巩固。一是用精准扶贫项目筑牢脱贫之"基",继续加大在基础设施、产业、教育、医疗等领域定点扶贫资金的投入。二是用金融"活水"浇灌致富之花。推出涉农扶贫融资金融产品,解决县域民营企业贷款难、融资难问题。三是积极探索消费扶贫新模式,在国内最大的银行系统、综合电商平台、工商银行"融e购"上,正式上线"山水延长·瓜果之乡"延长馆,用消费扶贫拓宽延长县的乡村振兴之路。

2. 东西部扶贫协作:"兄弟"同心奔小康

"东西部扶贫协作和对口支援,是推动区域协调发展、协同发展、共同发展的大战略,是实现先富帮后富、最终实现共同富裕目标的大举措。"① 依托国家的东西部扶贫协作战略,早在1997年,江苏的无锡市与陕西的延安市就确定了帮扶协作关系。2016年,两市启动新一轮的扶贫协作和结对帮扶活动。围绕延安3个国家级贫困县,无锡的江阴市与延川县结对,宜兴市与延长县结对,新吴区与宜川县结对。同时,推进结对市县之间的乡镇和村结对,市级部门之间的结对合作,有效开展携手奔小康行动。

加强四个方面的协作支持。无锡市的帮扶并不是简单的给钱给物,而是通过多种合作形式激发延安贫困地区的内生动力。

一是产业方面合作共建。两市共同建设"无锡—延安"产业园区,支持无锡市优势产业优先向延安转移,引导龙头企业入园发展。同时,发展建设一批贫困人口参与度高的特色产业基地,支持贫困人口融入产业发展。

二是能源领域互补合作。鼓励双方企业参与煤炭、油气、光伏、水电等资源性项目的合作开发。围绕石油、煤炭、天然

---

① 《习近平扶贫重要论述摘编》,中央文献出版社2018年版,第101—102页。

气等能源转化利用和产业链延伸，促进高端能化、精细化工等能源产业项目建设。

三是人才方面交流互通。全面畅通两地干部人才交流渠道，安排延安干部到无锡考察交流，选派无锡干部到延安学习考察、接受红色教育。组织无锡的专业技术人才到延安支教、支医、支农，为延安输送更多优质"智力资源"。

四是就业培训方面深度对接。无锡市与延安市签订了"订单式"就业培训协议，将延安贫困劳动力的就业意愿、培训需求与无锡企业进行精准匹配。双方统筹使用各类培训资源，以就业为导向，提高培训的针对性和有效性。

实现协作扶贫的两个转变。随着脱贫攻坚工作的深入开展，无锡和延安加强在产业转型、产城融合、新经济培育、扶贫攻坚、人才交流、劳务输出等各领域的交流合作，推动两市交流合作不断迈向更广领域、更深层次、更高质量。双方的扶贫协作已经从"脱贫"向"巩固脱贫"转变，从"帮扶为主"向"合作为主"转变，促进两市对口协作、经济合作不断迈上新台阶、结出新硕果。

3. "3+X"帮扶体系：凝心聚力助脱贫

举网以纲，千目皆张。针对脱贫攻坚工作中存在的产业基础薄弱、教育资源缺乏、健康扶贫资源分布不均等突出短板，延安建立起了"3+X"帮扶体系。其中的"3"是指着力推进国企合力团[①]、百校帮百县、优质医疗资源下沉三大帮扶活动的开展，破解脱贫攻坚重点难题。"X"是指凝聚其他社会帮扶力

---

① 按照企业主体、市场主导、助力产业脱贫的思路，陕西省国资委有效整合国企资源，充分发挥国企优势，动员55户驻陕央企、44户省属企业，依据规模和行业，通过合理搭配、优势互补，组建了9个助力脱贫攻坚国企合力团，对接9个地级市，以"打包捆绑"形式注入资金、布局项目、组建企业、培育产业。

量参与，为脱贫工作提供有力支撑。

一是国有企业合力团帮扶破解产业基础薄弱难题。延安国企合力团共有9户企业，与延安市政府共同出资成立了延安产业扶贫公司，注册资本金达1.05亿元。延安产业扶贫公司围绕延安优势产业，确定了果业、特色旅游和油气能化等产业扶贫方向。帮扶建立延川苹果产业扶贫基地，发展宜川壶口旅游产业，并持续推动"造血"项目落地，确保贫困县产业项目覆盖率达到100%。

二是百校帮百县工程破解教育资源缺乏的难题。延安积极发挥高校在人才、科技、智力、信息、产业、文化等方面的重要作用，推动高等学校与贫困县开展深度合作。例如，西安科技大学高新学院帮扶富县开展电商扶贫特色产业培训活动、苹果种植技能培训活动、教师授课能力提升培训活动，并在富县建立产学研一体化示范基地。依托高校优势资源为贫困县脱贫攻坚注入了磅礴之力。

三是优质医疗资源下沉破解贫困群众看病难的问题。为促进健康扶贫活动的开展，延安建立起了医院对口帮扶、医联体帮扶、服务保障帮扶、精准结对帮扶四大帮扶体系，全面提升贫困地区医疗卫生服务能力。例如，西安交通大学与延安签署了《合作办医协议》后，由西安交通大学第一附属医院整体托管延安市中医医院，全力扶持其医疗水平、管理水平、人才培养向前发展，并定期派专家到延安开展老年医疗扶贫和健康教育活动，为贫困群众看病提供方便。

此外，延安积极鼓励和支持非公有企业、社会组织、行业协会以及爱心人士参与帮扶工作。社会各界爱心人士自愿组成了"延安市各界爱心济困协会"，帮扶教育扶贫、健康扶贫、产业扶贫等工作的开展。同时，依托中国社会扶贫网这一"互联网+"社会扶贫平台，引导爱心企业、爱心人士积极参与组建扶贫志愿者联盟、扶贫专家联盟、扶贫电商联盟、扶贫众筹联盟、扶贫媒体联盟。通过整合帮扶工作力量，提高中国社会扶贫网帮扶的精准性和参与度，帮助贫困户解决实际问题。

（七）推进精神扶贫："志智双扶"拔掉穷根

人世间一切幸福都要靠辛勤劳动来创造。外因是变化的条件，内因是变化的依据，外因通过内因而起作用。延安贫困地区的脱贫，需要各方面的支持和帮助，但是最终还是要靠贫困人口自力更生、艰苦奋斗，改变贫穷落后的面貌。对于贫困群众中存在的"等靠要"等消极懒惰思想，延安通过弘扬延安精神、推动教育扶贫、抓好党建工作，激发贫困群众的内生动力，提高自我发展能力，鼓励贫困群众依靠勤劳致富，实现美好幸福生活。

1. 以延安精神扶斗志

人无精神不立，国无精神不强。中国共产党在延安艰苦岁月中孕育出的延安精神，以实事求是、理论联系实际的精神，全心全意为人民服务的精神和自力更生艰苦奋斗的精神为主要内涵。在新时代的今天，延安精神依然散发着耀眼的光芒，照射在延安脱贫攻坚的战场上，成为扶贫干部和群众的精神脊梁。

扶起干部群众过硬作风。延安的干部群众从延安精神中不断汲取信念的力量、真理的力量、为民的力量和奋斗的力量，把脱贫攻坚作为最大的政治任务和第一民生工程。以干部的过硬作风，扑下身子踏实干事，把群众满意作为脱贫工作的衡量标准，不断提升扶贫脱贫成效。延安市委理论讲师团团长安振华说："奋战在脱贫一线的共产党员，正是从延安精神中不断汲取力量，用信仰、担当与行动，让初心绽放于斯。"①

树立贫困群众脱贫信心。在延安精神的激励下，贫困群众发扬艰苦奋斗的精神，积极主动寻找脱贫门路，想方设法增收致富。宜川县云岩镇的付凡平18岁时，一场大火不仅让她失去了3位亲人，也失去了双手和容颜，全身烧伤面积高达80%，2015年被确定为建档立卡贫困户。付凡平自强不息，与命运抗争，与贫困搏斗。她主动参加了县里组织的电子商务精准扶贫培训班，并创办了"云果飘香"土特产专卖体验店和宜川县蒙恩农场农产品经销有限责任公司。不仅自己脱贫致富，还带动更多残疾人实现了就业创业的梦想，对"幸福都是奋斗出来的"作出了最好诠释。

2. 以教育扶贫扶智力

"治贫先治愚，扶贫先扶智。教育是阻断贫困代际传递的治本之策。"② 延安在确保"人人能上学"的基础上，聚焦"人人能成才"，多措并举补齐教育短板，促进教育优质均衡发展，为脱贫攻坚提供智力支持。

一是控辍保学。延安将"控辍保学"纳入年度教育重点工作考核指标，建立完善月报季评制度，落实"七长"责任制③。加强动态监测和定期检查，落实教育系统全员对贫困家庭子女的教育责任，让每个孩子享有公平而有质量的教育。

二是精准助学。建立教育脱贫大数据平台和精准资助管理信息系统，确保贫困学生信息的精准翔实、资助准确。落实贫

---

① 孙波等：《延安脱贫了》，《求是》2019年第13期。
② 《十八大以来重要文献选编》（下），中央文献出版社2018年版，第40—43页。
③ "七长"责任制：全面夯实县长、乡长、村长、家长、县教育局局长、校长、师长控辍保学责任，实行教育、行政双线夯实控辍保学主体责任。

困家庭学生从学前教育直至大学毕业全程资助政策。2017年以来，累计资助建档立卡贫困家庭学生55994人次，发放资助金4795.52万元①，实现了建档立卡贫困学生"应助尽助"，确保不因贫困而失学。

三是技能培训。积极推进教育融入产业发展、公共服务的深度和广度，加强与农业、扶贫等多部门合作，开展精准扶贫培训和农民实用技术培训，确保每个贫困户具有1项脱贫技能，不断拓展教育服务脱贫攻坚的空间和能力。

四是帮扶攻坚。组织动员全市教育系统广大教师对贫困家庭学生进行结对帮扶，确保每名教职工至少帮扶一名贫困学生，实现全体教师与贫困学生双向全覆盖。延川县第二中学的杨涛涛，因为家庭困难，性格内向，不爱与同学交流，甚至想过辍学打工来减轻父母的负担。在一对一帮扶中，教师张婷走访杨涛涛的家庭，关怀他的生活，辅导他的学习。按照教育扶贫政策，学校免除杨涛涛的学费，每个学期还补助650元的助学金。杨涛涛说："今后我要用我的行动来证明，用自己的智慧来改变家庭现在的情况。"②

3. 以党建引领抓带动

群众要致富，关键看支部。在脱贫攻坚的路上，"帮钱帮物，不如帮助建个好支部。"③延安充分发挥基层党组织的战斗堡垒作用和党员的先锋模范作用，将党的政治优势、组织优势、密切联系群众优势转化为推动脱贫攻坚的"红色引擎"。全面增

---

① 《延安：教育扶贫激活力　兜底保障惠民生》，2019年5月21日，延安市融媒体中心网（https：//baijiahao.baidu.com/s? id = 1634130517935075696&wfr = spider&for = pc）。

② 同上。

③ 《十八大以来重要文献选编》（下），中央文献出版社2018年版，第47—48页。

强基层党组织在贫困地区的政治领导力、思想引领力、群众组织力、社会号召力，用党员干部的"辛苦指数"提升贫困群众的"幸福指数"，激发贫困群众发展生产、脱贫致富的主动性。

强化思想教育，激发贫困群众脱贫致富的"原动力"。发挥基层党支部的政策宣传和思想教育作用，通过推广"教育引导"正家风、"行为规范"立正风、"村规民约"改民风、"文明创建"树新风、"公益救助"促和风、"司法保障"倡清风等"扶志六法"，推进移风易俗，培育文明乡风，使贫困群众既摆脱物质上的贫困，更摆脱精神上的贫困，确保稳定脱贫不返贫。

建强组织核心，筑牢带领群众脱贫致富的"桥头堡"。推行"支部＋合作社""支部＋企业""党建＋产业"等党建促脱贫模式，吸纳贫困户参与产业建设。黄陵县索洛湾村曾是产业薄弱、发展滞后、集体经济"空壳"的小村子，人均收入不足2000元。面对发展困境，村党支部迎难而上、积极作为，大力发展大米、黑木耳等特色产品。依托黄陵国家森林公园配套发展生态旅游，使得索洛湾村成为"产业富民样板村""乡村旅游示范村""基层党建明星村"。2019年年底，全村共有4家村办企业，农民人均纯收入达到3万元。

加强队伍建设，锻造带领群众脱贫致富的"先锋队"。通过主题党日、"三会一课"、"两学一做"学习教育，培养党员在认识上先高一步，思想上先行一步，发展上先干一步，影响和带动贫困群众转变发展观念。深化党员结对帮扶制度，采取"一对一"和"多对一"等形式，持续开展"党员群众手拉手，齐心合力促脱贫"活动。在延安宝塔区，有1784名党员致富带头人结对帮扶1812户贫困户[①]，有效调动了贫困群众的脱贫积极性。

---

① 《宝塔区农村基层党建助力脱贫攻坚》，《延安日报》2018年8月9日第7版。

延安还不断加强国际交流与合作，进一步推进脱贫攻坚工作。

一方面，积极争取国际社会的帮扶力量。延安积极推进世界银行贷款黄河引水项目，解决延安水资源短缺制约可持续发展问题。在延安举办的"一带一路"新经济发展论坛上，启动中国—南非延安产业园合作签约仪式及新经济项目对接会，促成国际产业园区落地延安，加快了地方经济发展。2016年举办的第一届世界苹果大会，是世界各国之间交流科研成果、产业技术、经营理念和发展经验的一次重要的国际盛会，吸引了来自美国、英国、澳大利亚等36个国家和地区的学者、企业代表参与，对于打造延安苹果世界品牌，把延安苹果做成国际化大产业具有重要意义。

另一方面，延安不断加快走向国际市场的步伐。紧抓"一带一路"机遇，加强与丝路沿线国家和地区在能源开发、现代农业、文化旅游、科技经贸等领域的交流合作。通过提升延安产业示范园区国际化水平，全力开展跨境电商业务，提高延安对外开放水平，拓宽革命老区转型发展的空间。

五 区县市脱贫各有妙招

延安下辖2区1市10县,在脱贫攻坚的过程中,基本都面临着自然条件较差,扶贫资金短缺,技术人才缺乏,产业发展薄弱,致贫原因复杂,贫困发生率高,部分贫困户有"等靠要"思想等问题。2015年10月,党的十八届五中全会从实现全面建成小康社会奋斗目标出发,把"扶贫攻坚"拓展为"脱贫攻坚",明确了新时期脱贫攻坚的目标。脱贫攻坚以来,延安确立了"一县一图、一乡一图、一路一图"[①]的工作思路,各区县市大力推进精准扶贫,因地制宜,形成扶贫特色,破解了融合扶贫资金、精准扶贫落地、农村产业落后、既保护生态又促进脱贫、传统产业以旧变新、各方扶贫难以形成合力、扶贫内生动力不足等难题。各区县市先后宣布成功摆脱绝对贫困。

(一) 安塞区"三变"破解资金难题

1. "三变"改革助力脱贫的成功范本——安塞区脱贫攻坚的实践

安塞区位于延安市北部,地形地貌复杂多样,境内沟壑纵

[①] "一县一图、一乡一图、一路一图":延安将每个县区未通畅行政村需建项目在地图上进行标注,制定了"作战图",挂图作战,明确了责任单位、责任部门、责任人和完成时间。

横、川道狭长、梁峁遍布。因受自然条件的限制，2014年年底，安塞区仍有贫困村55个，贫困户7550户，贫困人口21140人，贫困发生率为12.98%，经济基础薄弱，农村人口多，脱贫难度大。安塞区推行了以"资源变资产、资金变股金、农民变股民"为主要内容的"三变"改革，激活沉睡资源，增强发展动能，走出了一条极具特色的扶贫道路。

（1）主要做法

①资源变资产

安塞区将以下两类资源通过合同或者协议方式，以资本的形式投资入股到企业、合作社、家庭农场等经营主体，实现了由资源到资产的转变：一是对农村的土地、森林、草地、荒山、滩涂、水域等自然资源进行清理核查、确权颁证、评估认定后入股到经营主体；二是对房屋、建设用地（物）、基础设施等可经营性资产使用权进行有效盘活，入股到经营主体。

②资金变股金

加大对各类资金的整合力度，让分散的资金聚起来，发挥集聚效应。安塞区将各级财政投入到农村的生产发展资金、扶贫开发资金、农村基础设施建设资金、支持村集体经济发展的专项资金等各类资金，量化为村集体或农民持有的股金，投入到合作社、企业、家庭农场等经营主体形成股权，按股权比例获得收益，这样提高了资金的使用效益，"一次性"投入变为"持续性"增收，形成农民稳定增收的长效机制。

③农民变股民

安塞区积极引导农民自愿将个人的土地、资产、资金、技术等，通过合同或者协议方式，入股到经营主体，成为股权投资人，参与分红。通过这种方式，转变了农民的投资方式、创业方式、就业方式和增收方式，达到了摆脱贫困的目的。

（2）典型案例

安塞区高桥镇南沟村，距离延安市区15公里，属于典型的黄土丘陵沟壑区，总面积24平方公里，其中农耕地4000亩，退耕还林6800亩，荒山荒地4500亩。2014年，全村337户、1002人，人均可支配收入4650元，有建档立卡贫困户45户、125人，贫困发生率12.5%。①南沟村基础设施差、村集体经济薄弱，多年以来，村民仅靠种植玉米、杂粮等维持生计，是典型的贫困村，被当地群众调侃为"出行难、娶媳妇难、村干部干事难"的"三难"村，常年外出打工谋生的村民占到全村人口的三分之二，成为远近闻名的"光棍村"和"空壳村"。

如何使村民有长期稳定的收入，成为南沟村亟须解决的问题。2015年，在区、镇、村三级党组织的支持引导下，南沟村按照"村企共建、互助共赢"发展思路和"企业＋党支部＋基地＋贫困户"的发展模式，大力推行"三变"改革，提高了土地规模化、集约化经营水平，走出了一条企业发展、村集体壮大、群众脱贫致富的新路子。

全村2.25万亩土地资源折合资产，得到分红。南沟村企业家张维斌创办的延安旭坤房地产开发有限责任公司与南沟村达成合作协议，旭坤房地产开发有限责任公司注资1个亿，在南沟村成立延安惠民农业科技发展有限公司，开发建设南沟生态农业示范园区。由南沟村党支部负责，将全村村民土地承包经营权确权进行登记颁证后，把全村2.25万亩撂荒地、沟洼地、滩涂地和山林地，折股量化到村党支部领办的南沟生态旅游经济合作社，合作社将土地资源和财政投资项目形成的资产折股量化，入股延安惠民农业科技发展有限公司，该公司每年保底给合作社固定分红60万元，合作社按照占股比例给村民分红。

全村各类扶贫资金、土地折合股份，得到分红。其一，

---

① 王学锋、李娜、延媛：《"旅游＋"：让偏僻村庄美丽嬗变——安塞区高桥镇南沟村脱贫调查》，《延安日报》2020年2月26日第4版。

2016年，南沟村将陕西供销集团3500万专项扶贫资金入股到惠民农业科技发展有限公司，占股35%，获得收益前每年固定分红150万元，其中100万元用于扶持全镇651户贫困户发展产业，户均年分红1536元，获得收益后按占股比例分红。其二，南沟村将45户贫困户的45万元专项扶贫资金和735名村民自筹的220万元作为股本金，成立了安塞南沟村花样迷宫专业合作社，与南沟景区旅游开发有限公司合资兴建了花样迷宫，按49%和51%占股，合作社的股份为优先股份，享受保本保息、按股分红的特殊政策。其三，有266人以1060亩土地入股到苹果专业合作社，与惠民农业科技发展有限公司的子公司延安惠民果业有限公司建起了矮化密植苹果示范园，占股49%，果园收益前一切费用由公司承担，收益后净利润按股份比例分红。

全村1002人以土地、人力资源折合股份，得到分红。南沟村通过领办和组建合作社，积极动员全村村民参股入股，拓宽了群众增收致富渠道。目前，全村1002人以土地、人口等要素资源量化折股，入股到南沟生态旅游经济专业合作社；735人按照每人上限5股，每股1000元的股份入股到南沟村花样迷宫专业合作社；266人将1060亩承包地入股苹果专业合作社。同时，村上还组建了劳务队派遣，按照定工定资、长期保底的就业机制，农民变身为产业工人。

如今的南沟村，通过推行"三变"改革，引入龙头企业，让闲置的资源活起来、让分散的资金聚集起来、让群众增收的渠道多起来、让"空壳"的村集体经济壮大起来，推动一二三产融合发展，激发了南沟村的发展活力，壮大了村集体经济，带动了农民收入的增长，实现了企业、村集体与村民三方共赢。村民人均纯收入从2014年的4653元提高到2018年的15300元，贫困户的人均收入由过去的2375元提高到2018年的11500元，村民有了实实在在的获得感、幸福感。

(3) 取得成效

通过推行"三变"改革，打造了南沟、魏塔、西营等一批"三变"改革示范村，取得了良好的成效。经过多方扶贫努力，2018年安塞区整体脱贫；截至2019年年底，7015户、20051贫困人口摆脱贫困，贫困发生率下降到0.67%。

① "三变"改革激活了农村发展内生动力

安塞区通过"三变"改革模式，激活了农村发展的内生动力，取得了显著的成效，基本实现农业强、农村美、农民富。截至2018年，安塞区启动22个农村"三变"改革试点村，59个经营主体探索"三变"改革，累计以土地经营权入股4.75万亩，量化折股村集体资源资产1850万元，撬动各类新型经营主体投资4320万元，聚集农户闲散资金、小额贷款1950万元，55个贫困村村级光伏电站全覆盖的情况下，有28个村发展了实体经济，6个村盘活闲置资产租赁产生了固定收入，带动2446户贫困户不同程度增收。①

② "三变"改革成功经验推广到延安市

延安市各个区县围绕"股份农民"这个核心，依靠人、地、钱、农业经营主体、村级集体经济五个要素，采取转包、出租、股份合作等形式，有效盘活闲置资源资产，激发农村发展活力，带动农民收入增加。截至2017年年底，延安市389个村完成清产核资工作，占全市总村数的22%；清查资源性资产228.78万亩、承包到户耕地63.88万亩、林地45.74万亩。②

③ "三变"改革写入"中央一号文件"

2017年，"资源变资产、资金变股金、农民变股东"的

---

① 《安塞：抓好产业扶贫 助力精准扶贫》，2018年7月13日，搜狐网（https：//www.sohu.com/a/241077588_803308）。
② 齐卉：《延安市："三变"发力农村有发展》，《陕西日报》2018年1月2日第10版。

"三变"改革被写入"中央一号文件"①，2018年，"三变"改革被写入国家《乡村振兴战略规划（2018—2022年）》。全国各地陆续掀起了"三变"改革的热潮，获得了喜人的成绩。"三变"改革成为脱贫攻坚、乡村振兴的"助推器"，对激发贫困地区的内生动力，推动农村产业变革，决胜脱贫攻坚，助推乡村振兴发挥重要的作用。

（二）宝塔、志丹推进精准脱贫攻坚

1. "一岗双助"惠民工程助脱贫——宝塔区脱贫攻坚的实践

宝塔区是延安市的主城区，素有"秦地要塞""塞上江南"的美誉。2014年年底，宝塔区共有贫困人口7203户，11174人。针对人口密集，人口老龄化趋势日趋严峻，宝塔区创造性地推行"一岗双助"惠民工程，既解决了困难群众生活无人照料的问题，也解决了困难群体的就业问题。2018年宝塔区整体脱贫；截至2019年年底，累计减贫6595户、10569人，贫困发生率从2014年的4.91%下降到2019年年底的0.27%。

（1）首创"一岗双助"惠民工程

在宝塔区，有两类贫困人群的脱贫问题是摆在宝塔区政府面前的难题：一类是低保或者残疾人虽然领着低保，生活有保障，但面临无人进行日常照料的问题；一类是身体健康的困难人群，因没有技能难以在城市里找到合适工作的问题。

如何解决这两类困难群体的脱贫问题，成为宝塔区各级政府打赢脱贫攻坚战的突破口，是宝塔区脱贫工作的重中之重。

---

① "中央一号文件"是指中共中央重视农村问题的专有名词。2004—2020年连续17年发布了以"三农"（农业、农村、农民）为主题的"中央一号文件"，强调了"三农"问题在中国社会主义现代化时期"重中之重"的地位。

2015年，延安市宝塔区攻坚克难补"短板"，首创推行"一岗双助"惠民工程。通过政府购买公益性岗位，选择有意向的城市零就业和困难家庭的劳动力，对社区的孤寡老人、无人照顾的残疾人等困难群体，进行居家养老服务帮扶活动，使两类困难群体的生活都得到基本保障。

（2）在社区，"一岗双助"惠民政策暖人心

宝塔区向阳沟社区居民李金萍，家中有两个上大学的孩子，由于缺乏就业技能，家里光景一直不好，生活长期贫困。"我一个女人，能做的只有洗洗涮涮，苦活重活人家又都看不上我做。"[1] 李金萍之前也尝试过到饭店打工等工作，但是由于自身条件的原因，几次辞职之后，对自己今后的生活感到深深的担忧。社区工作人员了解她的情况后，将她确立为"一岗双助"的扶贫对象。给她安排了一份照顾盲人安志忠的工作，安志忠在一家盲人按摩店工作，上下班极不方便，李金萍的工作就是每天接送安志忠上下班，帮他做饭。

"一个月还挣2000来块钱，对我的家庭就起大作用了。现在儿子已经毕业了，女儿还在读研究生，现在我心里面感觉很满意。"[2] 李金萍表示，现在的生活比之前好了很多。

"她（李金萍）每个礼拜来，给我洗衣服、被套、床单，然后再做饭。我还要感谢党，感谢政策，对我们这些残疾人好着呢。"[3] 悉心的照料使安志忠感到特别满意，对生活重新燃起了希望。

宝塔区马家湾社区的贫困户张靖裕是四级肢体残疾，他的

---

[1] 《延安市就业扶贫："一岗双助"感受人社温暖》，2018年11月13日，搜狐网（https://www.sohu.com/a/274996788_374222）。

[2] 《新时代新作为新篇章宝塔区"一岗双助"：一份工作两家受益》，2018年11月23日，搜狐网（https://www.sohu.com/a/277293054_394265）。

[3] 同上。

妻子是二级智残，身边基本离不开人。虽然有政府发放的低保和残疾补助，但是生活依然困难。在宝塔区实施"一岗双助"后，社区考虑到张靖裕家里的特殊情况，为他解决了就业问题，而这份工作就是照顾他的妻子。张靖裕非常感动，几度哽咽："我是最需要感谢党和政府的人，现在好了，可以在家照看我婆姨，生活还有了保证，女儿今年考上了延安大学的物理系，我很满足。"①

"帮助城市困难群体和完善居家养老服务是关系民生的大事，'一岗双助'使两个困难群体的生活都得到了保障。"② 宝塔区区委书记刘景堂说。

（3）在乡镇，"幸福院"+"一岗双助"模式聚民意

2017 年，宝塔区将"一岗双助"这一政策向全区 18 个乡镇推广，实现了由城市社区向农村乡镇的全覆盖，增设了 100 多个岗位，帮助农村贫困户实现脱贫。

在宝塔区乡镇，"幸福院"是为农村贫困人口、留守老人、孤寡老人、空巢老人提供集中居住、养老的地方。将"幸福院"与"一岗双助"相结合，安排村上的贫困户在家门口就业，这解决了农村贫困人口的就业问题，还方便了老人们的日常起居。

甘谷驿镇何家沟村贫困户安利几年前丈夫去世、公婆患病，她一个人带着两个孩子打拼，生活十分拮据。想要出去打工养家的她，却因为要照顾孩子，脱不开身。当地的人社局在入户摸排，了解到安利的实际情况后，安排她到村里的"幸福院"去照顾老人，主要负责帮助老人洗衣做饭、收拾家务。她非常

---

① 《延安宝塔区一岗双助敲开幸福门 一份工作解决两个家庭困难》，2015 年 11 月 5 日，兵马俑在线网（http：//news.wmxa.cn/n/201511/283198.html）。

② 《陕西延安："一岗双助"让老有所养 贫有所依》，2017 年 5 月 9 日，新华网（http：//www.xinhuanet.com/legal/2017 - 05/09/c_1120942270.htm）。

珍惜这份工作，总是给老人们做他们喜欢吃的饭菜，把屋子收拾得干净整洁。

"安利把我们照顾得很好，在这里我们生活得和家里一样。"① 在幸福院居住的老人白香，一提到安利就称赞不已。

安利表示每个月既有稳定的收入，还能照顾家里的两个孩子，她感到很欣慰。

2016年10月，"一岗双助"民生工程被国务院扶贫办信息中心等单位联合评为"2016民生示范工程"。截至2017年，宝塔区已在全区实施了"一岗双助"，帮助了100多个贫困户解决了就业问题，帮助100多个困难群众解决了生活照料问题。"一岗双助"实现公共服务和民生保障效益最大化，可以说是一举两得。

2. 支持返乡创业，助力脱贫攻坚——志丹县脱贫攻坚的实践

志丹县位于延安市西北部，是典型的黄土高原丘陵沟壑区，境内山高坡陡，沟谷川道。虽是"陕北三宝"（荞麦、羊肉、地椒）的盛产地，但由于自然条件十分艰苦，导致近年来劳动力人口外流较多，严重制约了当地经济的发展。至2014年年底，全县仍有贫困村56个，贫困户3582户，贫困人口9232人，贫困发生率为11.48%。② 志丹县委县政府立足实际兴产业、活经济，坚持把产业扶贫作为拔掉穷根的根本举措，尤其是出台一系列政策支持返乡人员创业，搞活全县经济，努力增强贫困户的造血功能，实现持续发展和永续脱贫。2018年，志丹县整体脱贫；2019年，贫困发生率降至0.20%。

---

① 《延安市就业扶贫："一岗双助"感受人社温暖》，2018年11月13日，搜狐网（https://www.sohu.com/a/274996788_374222）。

② 数据来源：延安市扶贫办。

(1) 主要做法

志丹县聚焦长远,坚持在乡村振兴的大战略中来统筹脱贫资源,通过发展资本要素、技术要素、人才要素等落实产业、人才、文化、生态、组织五大振兴行动方案,有效助力社会各界人士返乡创业,加强农村改革和苹果产业发展,辐射带动贫困村、贫困人口脱贫。

①资本要素助力返乡创业

为了鼓励社会各界人士积极返乡创业,推进农村土地流转和苹果产业发展,志丹县财政每年列支7000万元,专门用于支持苹果产业发展。其中2000万元用于镇办产业发展,1000万元用于科技投入,1000万元用于果业后整理,1000万元用于集体经济,2000万元用于专项奖补。①

从2017年7月至2019年12月底,志丹县每年列专项奖励补贴资金1000万元,② 对农业龙头企业、合作组织、家庭农场、产业大户等在农村土地流转中"程序规范、引领和带动产业发展作用明显"的经营主体给予补贴。

②技术帮扶助力返乡创业

近年来,志丹县围绕提升农民科学文化素质和生产技能,加速农业科技成果转化应用的目标,结合全县农业产业发展与当地农民科技水平的实际情况,通过"人人技能工程""两后生""传帮带"等途径,大力开展"一户一法、一人一技"培训,先后选派百余名产业发展指导员和科技特派员,上门入户指导贫困群众发展产业,有效开展了农业科技培训工作。

---

① 《推开"跳出农业抓农业"新视窗》,2019年7月5日,延安市人民政府研究室网(http://yjs.yanan.gov.cn/html/yjcg/yjcgs/201907/981.html)。

② 《志丹县返乡创业鼓励政策》,2018年9月18日,志丹县人民政府网(http://www.zhidan.gov.cn/info/egovinfo/ygzw/copy_1_copy_content/684771075-/2018-0921004.htm)。

③人才政策助力返乡创业

乡村振兴，人是根本。近年来，志丹县多次举办返乡创业人员座谈会，对于高学历、高技术人才领办创办的经营实体给予政策优待和资金帮扶，充分鼓励社会能人、农民工、大学生等有识之士返乡创业，在农村掀起了一股创业热潮，上演着一场返乡创业与乡村振兴的美丽邂逅。

（2）取得成效

①提升了传统产业发展

志丹县纸坊便民服务中心太阳湾村的韩亚东，原是志丹采油厂的职工，2015年起，县政府先后投资140余万元帮助其修建水窖、果库，为其解决创业资金难问题。随后韩亚东返乡创业走向正轨，主动牵头成立了宏阳果业农民合作社覆盖周围四个村子，年雇用贫困户超800人次。2019年，韩亚东的75亩果园进入了盛果期，果园套袋50余万，收入50万元左右。①

苹果产业作为志丹县的支柱产业，截至2019年上半年，已完成苹果新建园1482亩，其中返乡创业大户建园1300亩，成活率均达到90%以上。返乡创业青年的到来，有效促进了全县苹果产业良好发展。②

②带动了特色产业发展

志丹县杏河镇张渠便民服务中心的脱贫先进个人闫怀雄，2017年决定返乡创业，在各项政策的扶持下，闫怀雄得到了专业技术员的全面指导和支持。2017年年底，他的蘑菇产业创收15万元。③

---

① 《志丹：返乡种苹果 创业助脱贫》，2019年11月6日，陕西省人民政府网（http://new.shaanxi.gov.cn/zdzl/tpgj/fpdt/fxdt/153003.htm）。

② 同上。

③ 《闫怀雄：脱贫不忘贫困户》，2018年6月28日，志丹县人民政府网（http://www.zhidan.gov.cn/info/10696/76943.htm）。

2018年，为响应志丹县产业脱贫号召，志丹县与闫怀雄共同商定了"实施能人带动战略，创组团发展产业，联手共同脱贫"的产业脱贫模式。张渠便民服务中心前园子村7户贫困户与闫怀雄签订了合作协议，将自家大棚交由闫怀雄管理，所得利润每年以红利的形式返还。闫怀雄保证给贫困户不少于16500元①的分红，分两年按季度付清红利。同时他还优先聘请当地贫困户到他的种植基地打工，并传授技术和经验，帮助更多的乡亲脱贫致富。

如今，蘑菇种植也已成为志丹县的特色产业之一。像闫怀雄这样成为全村蘑菇种植户主心骨的返乡创业青年在志丹县还有很多。作为一个个普通的农民，他们把自己的知识、技术奉献给了全村贫困户，得到了老百姓的高度赞誉，有效带动了全县特色产业发展。

③带动了村民共同致富

志丹县返乡创业青年刘志晨于2018年1月参加了镇上举办的返乡创业人士座谈会，同年4月，刘志晨回到志丹县刘湾村流转了苹果园105亩，开始了自己的返乡创业之路。随后他又招聘村里的贫困户来果园打工，有效解决了村民就业困难问题。贫困户刘克宏说："我的六亩果园给刘志晨承包了，流转费用一年下来是1700多元。我闲下来就到他那打工，今年收入大概2000多吧。"②

返乡创业青年的到来使得原来荒草丛生的果园变换了模样，果树长势也是越来越好。村民们没有想到，一个个刚走出学校的年轻人能这么有干劲。

---

① 《闫怀雄：脱贫不忘贫困户》，2018年6月28日，志丹县人民政府网（http://www.zhidan.gov.cn/info/10696/76943.htm）。

② 《青年，来吧 让青春在脱贫路上绽放光彩》，2018年10月11日，志丹县人民政府网（http://www.zhidan.gov.cn/info/10696/77536.htm）。

截至 2019 年年底，志丹县已有 2100 余人返乡创业，经流转土地及果园达到 13 万亩以上，① 彻底解决了农民无能力经营撂荒果园问题。志丹县通过政策优待已培育众多新型经营主体负责人、果业带头人、管理营销经纪人，为帮扶全民共同致富起到了良好的示范带头作用。

（三）洛川、延川解决农村产业落后

1. 洛川是如何把苹果打造成百亿产业的？——洛川县脱贫攻坚的实践

洛川，是中国著名的"苹果之乡"，也是被公认的全部符合苹果生长七项指标的世界最佳苹果优生区。然而，由于农户分散生产、不懂管理、技术落后，导致苹果产业在发展过程中面临着单位面积产量低、组织化程度低、精深加工能力不足及销售渠道不畅等难题。2014 年洛川县仍有贫困村 73 个，贫困户 6285 户，贫困人口 18978 人，贫困发生率为 13.44%。② 在脱贫攻坚工作中，洛川以打造洛川苹果"百亿产业"为引领，通过做大做强苹果产业，实现"兴一个产业，富一方百姓"的目标。

（1）主要做法

洛川依靠标准化生产、专业化生产、加强产业"后整理"、打造电商销售平台等措施，全面实现苹果种植良种化、技术标准化、果品绿色有机化、经营产业化、品牌国际化。打造出了"苹果大产业，农民大脱贫"的产业扶贫模式，有效带动了贫困群众的脱贫致富。

---

① 《志丹：返乡种苹果 创业助脱贫》，2019 年 11 月 6 日，陕西省人民政府网（http://new.shaanxi.gov.cn/zdzl/tpgj/fpdt/fxdt/153003.htm）。

② 数据来源：延安市扶贫办。

①实行标准化生产：促进苹果质量产量双提高

如何打破单位面积产量低的瓶颈、发挥苹果产业优势？在洛川县，所有果农，都严格按照2014年县上出台发布的《延安洛川苹果技术规范》操作，从苗木培育、建园栽植、标准化管理、苹果营销等16个环节都有"标"可依。苹果产量和质量不断提高，走上了"上户口，带皮吃，论个卖"的品牌发展之路。

②成立苹果专业合作社：苹果生产规模化、专业化

面对苹果生产组织化程度低的问题，近年来，洛川县积极推行"合作社+农户"模式，调动专业合作社和龙头企业参与扶贫的积极性，为贫困户免费提供种苗、技术、农资、销售等一条龙服务，解决有产业无品牌、附加值低，贫困户发展有产业、经营没经验，产业发展资金困难等问题。

贫困户郝秀财，自从加入民丰农民专业合作社以来，享受到不少优惠政策。合作社免费提供的部分化肥、农药和果袋，每年能为他省下成本1万多元。遇到种植难题时，随时有专家指导，连农机具也可以免费使用。苹果丰收时，合作社还会以高于市场的价格优先收购，根本不用愁销路。

③推进苹果产业"后整理"：形成苹果产业链

为了解决苹果产业发展过程中精深加工能力不足的问题，洛川县加快苹果产业转型升级，着力推动苹果产业"后整理"。通过分批分收、分级分选、冷藏冷运、精深加工、品牌包装、市场营销等后端的一系列整理过程，延长了产业链。实现了生产标准化、科技集约化、果品精品化、装备现代化、营销品牌化、经营产业化，提升了苹果产业附加值。

④"互联网+苹果"销售模式：为苹果插上互联网翅膀

为了解决贫困群众苹果生产销路不畅的问题，洛川通过政府引导、企业带动等方式，积极推行"互联网+苹果"模式，增加贫困户产业收入。2014年以来，洛川开始在全县加快推进电子商务的发展。2014—2019年，完成电商人才培训2901人，

孵化相关企业45家。①

身患"脆骨病"的残疾人贫困户屈万平，通过参加残疾人电子商务培训后，开始利用网络销售苹果。2016—2017年实现苹果销售收入34.6万元，纯收入达到4.6万元。2016年年初，在屈万平的倡导下，成立了"洛川县残疾人协会"，会员30余人，通过网络销售洛川苹果，达到了"统一标准、统一价格、统一配送"，足不出户可轻松脱贫。

（2）取得成效

金秋时节，洛川塬上，绿色的果园满目皆是，红彤彤的苹果挂满枝头。这里已成为中国苹果的对外窗口，每年的陕西国际苹果节就在洛川县举行。"洛川苹果"不仅成为老区人民脱贫致富的"摇钱树和幸福树"，也成为陕西苹果的代表符号、中国苹果产业的风向标、世界苹果的聚焦点。

①苹果产业转型升级：打开了高端化市场

洛川苹果产业的生产能力和品质大大提升，实现了由传统果业向现代果业的华丽转身。传统单一的生产销售模式正在向高科技、精细化迈进，打开了高端化市场。产业"后整理"，推动苹果实现了从按公斤卖到按个卖的跨越，苹果价格从每公斤6元转变为每个苹果6—60元，苹果品质提升了，农户的收入增加了。"洛川苹果"这一品牌逐步走向世界。

②苹果产业链延长：带动了关联产业发展

围绕苹果大产业，洛川县在产业链上下游形成了养殖、有机肥加工、果袋、果箱、果品深加工、电子商务、劳务输出等配套产业，充分发挥苹果产业的辐射和带动效应。同时，大力推进苹果产业的深加工，发展苹果醋饮、苹果脆片、苹果酒、

---

① 《延安洛川：做优做精苹果产业　实现果业强果农富果乡美目标》，2019年8月21日，陕西网（http://www.eco.gov.cn/industry/fruit_industry/2818.html）。

苹果果脯、苹果花果茶、苹果树皮画、苹果旅游观光等相关产业。苹果生产乃至加工的全部产业链中，贫困群众都可以从中受益。

③苹果大产业带动了农民大脱贫

如今，俯瞰洛川塬，从南到北、从东到西，满目都是苹果树。截至2018年10月，洛川苹果的品牌价值达到72.88亿元，95%的农民从事苹果产业，农民收入的95%来自苹果产业。60%的果农户年收入超过10万元，12%的果农户年收入超过20万元。76%的农户拥有小汽车。[①] 2018年，洛川县整体脱贫；贫困发生率从2014年年底的13.44%下降到2019年年底的0.87%。2018年农民人均可支配收入达到12027元，洛川县真正实现了一县一业、一业脱贫、一业富民，成为产业富民的典范。

④洛川苹果走向世界

目前，洛川苹果及其加工产品远销80多个国家和地区，走进了西欧国际高端市场，每年销往俄罗斯、加拿大、澳大利亚、东南亚等国的苹果达到12万吨以上。黄土地上长出的小苹果不仅成为延安人民脱贫致富的产业，也让世界重新认识了延安。2016年，更是成功举办了第一届世界苹果大会，向来自36个国家及国内19个省、市的2000多人展示了延安果业发展的奇迹。

2. 延川是如何把红枣打造成国家品牌的？——延川县脱贫攻坚的实践

延川县位于延安市东北部，地处黄河之滨，这里昼夜温差大、光照十分充足，是著名的"中国红枣之乡"。延川县红枣栽培历史长达4000多年。然而，多年以来延川红枣由于缺乏资

---

① 《小苹果践行"两山论"》，2019年9月6日，洛川县人民政府网（http：//www.lcx.gov.cn/info/1033/24594.htm）。

金、技术和销路，未能形成完整的延川红枣产业链，截至2014年年底，延川县共有贫困村63个，贫困户9400户，贫困人口29177人，贫困发生率高达19.37%。① 为积极改变延川的贫困状况，延川县委县政府充分利用其得天独厚的自然、人文资源，立足实际、科学谋划，把发展壮大村集体经济作为贫困村脱贫退出的重要指标，把提升传统动能与培育新型动能有机结合，积极开展"红枣＋"扶贫模式，将延川红枣打造成国家品牌。2019年，延川县成功脱贫摘帽，贫困发生率降至0.78%。

（1）主要做法

近年来，延川县通过驻村工作队和县红枣办摸底子、结对子的方式，合理规划红枣产业发展，通过"红枣＋资金""红枣＋技术""红枣＋销路"模式，让枣农走上了脱贫之路。

①"红枣＋资金"模式

补助贷款助力红枣产业发展。近年来，延川县对于积极发展红枣产业的，搭建红枣防雨棚，均按照0.5万元/亩的标准予以一次性补助；对于发展设施大棚红枣（50米以上），均按照1万元/棚的标准予以一次性补助，并提供1万元/棚的扶贫贴息贷款。②

实施金融扶持助力农民脱贫。延川县积极整合产业扶贫、就业创业和中小企业信用担保基金，以政府担保基金撬动5倍银行贷款额度。对于有劳动能力、积极发展产业、资金缺乏的贫困家庭，延川县提供5万元以下的免担保、免抵押小额扶贫贴息贷款；对于选择自主创业且能带动效益明显的贫困家庭离校未就业的高校毕业生，延川县提供10万元以下的免担保、免抵押小额贴息贷款。③

---

① 数据来源：延安市扶贫办。
② 代春春：《延川县"十二项措施"精准脱贫》，《现代企业》2016年第9期。
③ 同上。

② "红枣+技术"模式

2015年以来，延川县政府加大了对红枣产业的支持力度，以"基地建设园区化、生产经营企业化、产品销售品牌化、技术培育职业化"的发展思路为主，按照"拉下来、盖上去、降高度、减密度"的技术要求，由农广校负责，以镇、街、社区服务中心为单位，围绕枣果棚畜四大主导产业，对全县有劳动能力、积极发展产业的农村劳动力开展农业实用技术巡回免费培训。

除此之外，延川县还邀请来自全国各地农业专家对全县红枣园进行考察，通过培训会的形式向枣农传播专业种植知识技巧。

③ "红枣+销路"模式

电商拓宽红枣销售渠道。资金的扶持和技术的支持使得延川红枣产业链发展更加完善，但是在一些红枣主产区，仍旧连年出现红枣严重滞销。目前延川县商务局已推进大型电子商务平台与当地红枣产业的合作对接，加大电商培训力度，让农户能把自己种植的红枣放到全国性的电商平台上销售。同时还在伏羲村、刘家山、土岗村、张家山村、碾畔村这五个黄河沿岸的中心村设立实体店，电商平台还向村民提供电脑、网络、货架、档案柜、桌椅等硬件设施以及人员培训等。

依托旅游资源建立红枣采摘园。近年来，延川县依托乾坤湾4A级景区、路遥故居3A级景区、文安驿文化产业园区、永坪红色文化产业园区等众多旅游资源，在沿线建立了多个红枣采摘园和相应的售卖点，方便游客入园采摘，体验乡村乐趣，提高土特产出售，增加村民收入，吸引游客多次光顾。

(2) 取得成效

①推进红枣产业链发展

延川县扶贫团队通过帮助枣农购买旋耕机、提供有机复合肥、无偿提供防雨伞棚等物资，减轻了枣农的投资负担。同时，延川县还提供资金支持，鼓励当地农民兴办红枣初加工、深加工企业，不断完善红枣产业链发展。

家住在延川县延水关镇庄头村的冯海军，家里虽然种植了15亩狗头枣，但由于自身没有专业技术，加之管理不善，效益并不好，因此生活一直比较贫困。随着延川县不断加大对红枣产业的支持力度，开展专业技术培训、建设设施大棚、发放防雨伞棚等措施。冯海军多次参加县上举办的职业技能培训并接受专家指导，近年来他每年依靠红枣收入已达3万余元。

截至2019年，延川县有加工枣汁、枣脯、枣酱、枣粉等红枣深加工企业5家，初加工企业25家，季节性加工点11个。鲜枣贮藏能力2000吨，销售网点100多个，年销售红枣达3万吨左右；现有红枣普通烤房3214座、两炉两窗回火式标准烤房305座、晾枣房1322座，年烘烤、晾晒能力达2万余吨。① 扶贫资金的不断投入，不仅让村民依靠红枣脱贫致富，还带动了当地相关企业的发展。

②助力产业多元化发展

自延川县与电商平台合作销售红枣之后，农民们对电子商务培训的积极性相当高。这一举措不仅能为当地的大枣拓宽销售渠道，降低储存与推销成本，使农民增收，而且还吸引了一部分年轻人回乡创业。

延川县文安驿镇梁家河的脱贫致富新星贺艳在村里经营着一家"梁家河"品牌特产直营店，店里主要经营延川红枣、山地苹果等陕北土特产。同时该品牌也在京东、天猫上都开了网店，将延川红枣销售到世界的各个地方。

---

① 江楚雅：《延川红枣产业带动村民脱贫致富 积极突围重掌"市场定价"话语权》，《长江商报》2019年10月14日第A8版。

如今的梁家河"热闹得很",许多外出务工的人都回到了村里干起了各自的营生。崖畔上的枣成熟了,一颗一颗,红艳艳的,格外甜。

同时,延川县乾坤湾景区附近的乡村每到节假日就会吸引一拨拨游客,他们饱览了壮观的乾坤湾后,去到挂满鲜果的枣林、苹果园,在村边的售卖亭,购买红枣等土特产,村民有时一天能卖几百元,个个乐开了花。

截至2017年,乾坤湾镇依靠电商平台,结合旅游产业发展,通过电视广告宣传,已实现红枣销售渠道多样化,旅游直接带给农民收入500余万元,间接推动了近800户农户发家致富和374户贫困人口脱贫摘帽,全镇农民人均纯收入达到10190元。①

③形成"延川红枣"国家品牌

自2011年起,"延川红枣"多次被评为陕西省著名商标,中国百强农产品区域公用品牌称号。2017年,在陕西省委宣传部的大力支持下,中央电视台将延川县的红枣选定为2018年的特色农产品,追加进"国家品牌计划—广告精准扶贫"项目,免费进行广告宣传。2019年延川红枣荣获中国驰名商标国家金字招牌,一系列的荣誉不仅提高了红枣的知名度,更是提高了枣农的收入。

截至2019年延川县共有枣农8523户、28574人,其中1471户、3693人②依靠红枣产业脱贫致富,全县已对红枣脱贫实现扶持全覆盖。

---

① 《旅游业为黄河边农民脱贫带来机遇》,2018年6月21日,新华网(http://m.xinhuanet.com/sn/2018-06/21/c_1123014733.htm)。

② 同上。

（四）吴起、黄龙保护西部山区生态

1. 以生态扶贫实现贫困地区生态发展与群众脱贫的"双赢"——吴起县脱贫攻坚的实践

地处毛乌素沙漠南缘的吴起县是延安贫困县。这里曾经漫山放牧，生态环境极其恶劣，群众大多广种薄收。1998年，在没有国家补助的前提下，吴起县率先进行退耕还林，在全国掀起了一场"绿色革命。"2014年年底，全县有贫困村52个，贫困户3943户，贫困人口9069人，贫困发生率高达8.69%。[①]2015年，在脱贫攻坚战的背景下，吴起县将脱贫攻坚与绿色生态相结合，首创生态扶贫，实施了新一轮的退耕还林工程，取得了生态发展与群众脱贫的"双赢"效果。2018年，吴起县整体脱贫；2019年贫困发生率降至0.41%。

（1）主要做法

吴起县把精准扶贫与加强生态建设、培育富民产业相结合，在陕西省率先推出林业项目倾斜、劳务造林优先、生态补偿帮助、护林管护扶持、创新服务机制等五项生态扶贫举措，走出了一条百姓富与环境美互促双赢的生态惠民新路子。

①林业项目倾斜脱贫

为了让贫困户参与植树造林，吴起县将80%的造林绿化任务优先向贫困村倾斜。2019年，全县共有161人从事退耕还林森林抚育、三北防护林、天保造林、退化林修复等林业项目工程，人均增收1482元。[②]同时，吴起县用足用活中央财政造林补贴、退化林修复等林业项目，帮扶45户贫困户申请退化林修

---

① 数据来源：延安市扶贫办。
② 《吴起县林业局关于2019年度生态扶贫工作总结的报告》，2019年10月31日，吴起县人民政府网（http://www.wqx.gov.cn/zwgk/zfwj/bmwj/28878.htm）。

复项目，每户10亩，户可增收2000元。①

②劳务造林优先脱贫

在实施国家林业重点工程时，吴起县通过造林公司、家庭林场等方式，优先吸纳有劳动能力的贫困群众通过植树造林实现劳务增收。2017年，吴起县共发展冯建福、白庆繁、李树和、李凤周4家家庭林场，完成造林面积8万多亩，带动了260多户贫困家庭增收致富。② 同时，将全县的荒山承包给造林公司，造林公司每年在春秋两季植树时期，优先吸纳贫困户到公司打工，带动贫困户增收。

③生态补偿帮助脱贫

对建档立卡的贫困户优先实行生态效益补偿、生态管护补偿，让他们依靠生态补偿增收致富，是吴起县生态扶贫的重要举措之一。2019年，全县4569户建档立卡户全部享受生态效益补偿，户均获得补偿830元。有1005户参与集体林地管护，管护面积15.3万亩，贫困户获得补偿180.9万元，户均领取补偿管护资金1800元。③

④护林管护扶持脱贫

为了更好地管护林草，保护生态环境，提高贫困农民收入，吴起县积极探索贫困户就地转化为护林员的扶贫路子。通过政府购买服务的方式，按照县管、镇聘、村用的原则，优先从建档立卡贫困户中选聘村级护林员。2019年，全县新聘贫困户护

---

① 《吴起县林业局关于2019年度生态扶贫工作总结的报告》，2019年10月31日，吴起县人民政府网（http：//www.wqx.gov.cn/zwgk/zfwj/bmwj/28878.htm）。

② 《吴起发展家庭林场带动260户完成面积6.88万亩》，2017年8月10日，腾讯大秦网（https：//xian.qq.com/a/20170810/026903.htm）。

③ 《吴起县林业局关于2019年度生态扶贫工作总结的报告》，2019年10月31日，吴起县人民政府网（http：//www.wqx.gov.cn/zwgk/zfwj/bmwj/28878.htm）。

林员170人,发放工资81.3万元,人均增收3600元。[①] 同时,为了确保将勤快务实、责任心强的贫困人员选聘上来,吴起县完善了护林员的选聘办法,并实行了动态考核管理,一年一聘,经考核合格后按月发放补助资金。

⑤创新机制加速脱贫

为了实现"生态美、百姓富"的目标,吴起县创新了林业服务机制。

一是加强林业金融服务。对贫困户的林业项目贷款和农民林业小额贷款,优先安排中央财政贴息。

二是加强技术培训。手把手为贫困户教技术、教管理,培养一批农村科技兴林的能手。

三是推进森林保险。为贫困户承包经营林地投保森林保险,弥补因火灾、病虫害、风灾、雪灾等自然灾害造成的损失。

四是加强科技支撑。与国际泥沙研究中心、北京林业大学、西北农林科技大学等科研院所协作,试验选育新品种,探索老园改造新技术,提高林地林木质量和产量。

(2)取得成效

生态扶贫,改善了吴起县的生态环境和质量,提高了当地贫困群众的收入水平,解决了当地劳动力的就业难题,推动了全县贫困群众实现稳定可持续脱贫。

①生态环境持续改善

2012年以来,吴起县认真践行习近平总书记提出的"绿水青山就是金山银山"的绿色发展理念,大力实施新一轮的退耕还林、植树造林等生态修复工程。通过林业项目倾斜、兴建家庭林场、招聘管护人员等举措,推动全县生态环境持续改善,

---

[①] 《吴起县林业局关于2019年度生态扶贫工作总结的报告》,2019年10月31日,吴起县人民政府网(http://www.wqx.gov.cn/zwgk/zfwj/bmwj/28878.htm)。

山川大地实现了由黄到绿、由浅绿到深绿的历史性转变。2018年，全县退耕还林面积约245万亩，林草覆盖率由1997年的19.2%提高到76%，土壤年侵蚀数由1997年的每平方公里1.53万吨下降到0.53万吨。① 在卫星遥感图片上，一片浓绿的颜色清晰地勾勒出吴起的地貌轮廓。

②贫困群众增收明显

吴起县实施的生态补偿、劳务造林、财政补贴，为贫困群众提供了稳定的收入，实现了"绿水青山"向"金山银山"的转变。2018年，全县农民人均可支配收入达10956元，是1997年的12倍。② 如吴起铁边城镇寨子湾村村民李树和建立的"树和家庭林场"既让荒山绿了起来，又让村民通过种树富了起来。2015年，"树和家庭林场"将村里2.2万亩荒山承包下来，种上了侧柏、油松、山杏等10余种树木，吸纳50多户贫困群众参与植树造林工作，每人一天130元。村民李文成说："我们两个人干，一个人一天130元，两个人一天260元，我们两个人一年能干一百五六十天，下来就是两万六左右。我特别看好这个家庭林场，以后是我们稳定的收入。"③

③就业难题有效解决

选聘村级管护人员，有效拓宽了贫困群众的就业渠道。作为全国退耕还林第一县，为了让贫困户享受到退耕还林的扶贫"套餐"，吴起县实行生态补偿脱贫政策，在全县每个村子选聘贫困户和低收入户作为护林员，解决了贫困户的就业问题。

---

① 《青山绿水映三秦——陕西实施退耕还林工程建设综述》，2018年12月20日，陕西省扶贫办网（http://www.shaanxi.gov.cn/zdzl/tpgj/fpdt/fpyw/129978.htm）。

② 《陕西吴起：让黄土高坡披彩挂绿》，2019年6月9日，新华网（http://www.xinhuanet.com/photo/2019-06/09/c_1124599890.htm）。

③ 《我"打工"来你脱贫 吴起造林又有新模式》，2019年4月27日，搜狐网（https://www.sohu.com/a/310612756_394265）。

2015年以来，吴起县累计选聘护林员647人次，落实生态效益补偿1979户，每年每户平均补偿2800元。① 吴起县吴起街道郭畔村贫困户杜修明体弱多病，在外打工没有人肯要，一家人过得十分艰难，经常靠亲戚朋友接济。吴起县生态护林选聘管理办法的出台，不仅为杜修明提供了就业机会，一年下来杜修明还可以挣到两万多，极大减轻了家庭负担。

④稳定脱贫有了保障

吴起县通过创新林业服务机制，为贫困群众积极参与植树造林，实现稳定脱贫提供了有力保障。2018年，吴起县积极落实林业项目贷款和农民林业小额贷款工作，有效解决了林业建设资金不足的问题。累计举办果业、棚栽、养殖等实用技术培训、现场指导近千场，受益群众8万余人次，② 培养了一批会经营、懂技术、善管理的"能人"。购买森林保险65.3万亩，③ 补偿了贫困群众因自然灾害造成的损失，增强了贫困群众的再发展能力，帮助贫困户实现了可持续脱贫的目标。

2. 壮大生态产业，实现稳定脱贫——黄龙县脱贫攻坚的实践

黄龙县地处延安市东南端，属于黄土高原丘陵沟壑区，经济社会发展缓慢。2014年年底，黄龙仍有贫困村25个，贫困户1121户，贫困人口3009人。黄龙虽然贫困人口绝对数少，但是

---

① 《吴起县林业局关于2019年度生态扶贫工作总结的报告》，2019年10月31日，吴起县人民政府网（http：//www.wqx.gov.cn/zwgk/zfwj/bmwj/28878.htm）。

② 《吴起县脱贫攻坚工作情况 新闻发布词》，2019年7月10日，延安市人民政府网（http：//www.yanan.gov.cn/gk/zfhy/xwfbh/388336.htm）。

③ 《吴起县林业局关于2019年度生态扶贫工作总结的报告》，2019年10月31日，吴起县人民政府网（http：//www.wqx.gov.cn/zwgk/zfwj/bmwj/28878.htm）。

贫困发生率高达 10.10%。① 为解决贫困问题，2015 年以来，黄龙按照"生态立县、旅游带动、统筹城乡、全面小康"的战略部署，大力发展生态产业，积极促进生态旅游。通过创新发展模式，2015 年在延安所属区县中实现率先脱贫的同时，还通过壮大生态产业不断促进稳定脱贫。

（1）主要做法

①大力推进生态旅游集群化②

旅游带动是黄龙破解县域经济发展困境的重要战略。对于黄龙而言，最大的优势就是生态。为此，黄龙按照"宜花则花、宜树则树、乔灌花草相结合"的要求，积极推进生态建设，将公园建成花园，公路建成花带，县城建成花城，全力打造"一城三川五廊道十景观"③。通过建设"多彩黄龙"，促进生态旅游实现集群化发展，实现了全域旅游、全季旅游。并围绕生态旅游逐渐形成众多相关旅游品牌。同时，黄龙还积极推进旅游乡村建设，将旅游产业与乡村振兴相结合，为黄龙的生态旅游注入了新的活力。

---

① 数据来源：延安市扶贫办。
② 旅游产业集群（tourism industry clusters）以旅游为主导，由旅游带动或与旅游活动相关的上下游产业和横向相关产业组成的产业体系与产业群体的聚集与集成，这个集群由旅游核心产业（旅游产业本身）、旅游相关产业（为旅游产业提供基础支持主要体现为纵向联系的产业）和旅游支持产业（为旅游增加体验消费型产品主要体现为横向联系的产业）三部分构成。
③ "一城"是指城区广场公园和机关单位院落、居民小区绿化。"三川"是指以县城为中心，向宜川、韩城、渭南三个方向川道辐射，鼓励农民以育苗的形式栽植彩叶树种（银杏、樱花、金叶榆、复叶槭、红叶李、五角枫等）、种植经济作物（油葵、油菜、荞麦、连翘、香脂等），切实增加农民收入。"五廊道"是指沿五条过境公路两侧，根据乡镇产业实际、地形地貌和景区景点布局，种植彩叶树种、景观花卉和油葵、油菜等，建成景观廊道。"十景观"是指在黄龙主干线、入境口等重要地段围绕生态旅游打造十余处园林景观。

②积极鼓励农业产业生态化

黄龙不仅积极推动生态旅游集群化，还依靠优势生态资源，筑牢生态农业基础。通过大力推进农业产业生态化，推动农业产业发展转型升级。为此，黄龙全力实施苹果产业抓升级、核桃产业抓加工、中蜂产业抓品牌、药材产业抓规模、特色产业促旅游，核桃、苹果种植面积不断增大，中蜂养殖规模、中药材规模不断扩大。同时，黄龙还引入一些特色生态产品，比如大闸蟹、羊肚菌、香菇等，以突出自身产业发展优势。

③统筹推动一二三产业融合化

"一业兴，百业旺。"黄龙县生态旅游产业的迅速崛起，释放出巨大的带动效应，也为一二三产业深度融合奠定了基础。为此，黄龙积极统筹一二三产业融合化，以生态旅游为龙头，促进生态农业、生态工业、生态旅游融合发展。

走进白马滩镇印象圪崂景区，浓浓的乡村气息扑面而来，小桥、篱笆、瓦房、农耕雕塑、干净整洁的庭院与周边的青山绿水、田园风光相映成趣，古朴自然而不失典雅。2019年，白马滩镇以乡村振兴为引领，聚焦旅游发展，全力打造印象圪崂。随着游客不断增多，当地群众开起了农家乐，吃上了"旅游饭"。村里的核桃、蜂蜜等农副产品也变成了旅游产品。2019年，全村旅游产值达200余万元。[①]

（2）取得成效

①带动生态旅游不断壮大

黄龙以生态旅游为引领，依托树顶漫步、锦绣黄龙等景区景点，以及印象圪崂等旅游乡村，共同构建起全域旅游发展的基本框架。山青水绿、宜游宜居的黄龙受到了越来越多游客的青睐。

[①]《守护绿水青山 培育金山银山》，2020年1月2日，延安文明网（http://sxya.wenming.cn/yw/202001/t20200102_6225144.shtml）。

截至 2020 年年初，黄龙县已接待游客超过 42 万人次，同比增长 18.73%；旅游综合收入 25.9 亿元，同比增长 21.33%。①"游在黄龙"不仅成为越来越多游客的选择，更为黄龙经济可持续发展奠定了坚实的基础。

②促进产业结构不断优化

黄龙县以生态旅游为引领，生态农业、生态工业、生态旅游三轮驱动，纵深推进乡村振兴，持续做好"苹果产业抓升级、核桃产业抓加工、中蜂产业抓品牌、药材产业抓规模、特色产业促旅游、全县农业强生态"六大生态农业提升工程，全县绿色产业蓬勃发展。

清明节后，白马滩镇的连翘花落了，嫩芽长出来时，诚永公司就雇用当地村民上山采茶，其中有不少是精准扶贫户。"采茶是一道细活，熟练的每天大约能采一二十斤，收入有 300 元钱呢。"采茶村民王小雷说。

截至 2020 年年初，黄龙县共有核桃 8 万亩、苹果 15.5 万亩、中药材 1 万亩、中蜂养殖 9 万箱，大闸蟹、食用菌、连翘茶等特色产业逐步兴起，黄龙大闸蟹还连续 3 年在全国河蟹大赛中获"金蟹奖"。②

③推进脱贫成效不断巩固

黄龙依托生态优势，聚焦产业转型升级，构建以生态旅游为引领、生态农业为基础、生态工业为补充的生态产业体系，并积极推进一二三产业不断融合，从而推进脱贫成效不断巩固。

通过践行"生活在城镇、产业在农村、致富在旅游"发展新理念，不仅实现了人与自然的深度融合，生态与经济的高度统一，而且还实现了稳定脱贫。2019 年年底，该县只有贫困户

---

① 《守护绿水青山 培育金山银山》，2020 年 1 月 2 日，延安文明网（http://sxya.wenming.cn/yw/202001/t20200102_6225144.shtml）。

② 同上。

41户，贫困人口45人，贫困发生率为0.15%。[①]

（五）富县、黄陵探索脱贫致富新路

1. 破解"传统农业"发展瓶颈的"三新"举措——富县脱贫攻坚的实践

2014年年底，地处延安市南部的富县共有贫困村54个，贫困户5693户，贫困人口16318人，贫困发生率高达14.73%。[②]富县脱贫攻坚任务重、困难大，如何确保全县贫困人口如期实现全面小康社会，是摆在富县眼前的一道难题。为解决贫困问题，富县按照"企业带动、规模经营"的产业发展思路，以"保险+期货+扶贫"的新思维、"53421"模式培育的新技术、"协会+合作社+蜂农"的新方法，破解传统产业的发展瓶颈，不断把优势产业做强，把特色产业做优，从而带动全县贫困群众实现脱贫致富。2018年，富县整体脱贫；2019年，贫困发生率降至0.93%。

（1）主要做法

富县积极创新扶贫方法，通过给苹果上一层"安心险"，确保农民稳赚不赔；给水稻换一种"新技术"，助力农业增产提质；给养蜂建一条"产业链"，推动养殖产业规模化发展。

①给苹果上一层"安心险"

苹果产业是富县农民的致富产业。为了做强做大苹果产业，确保在市场价格发生变动、苹果面临销路不畅时仍能丰产又丰收，富县县委县政府探索出了一条"保险+期货+扶贫"的新路子，给苹果上了一层"安心险"。该模式集政府、期货公司、保险公司各家之所长，帮助农民实现保价增收，确保农户稳赚

[①] 数据来源：延安市扶贫办。
[②] 同上。

不赔。其中，农户一亩地只需要缴纳95元的保费，赔付下来一亩是900元。2019年9月，在富县政府的支持下，该项目正式落地，太平洋财产保险、浙商期货、方正中期期货和锦泰期货公司组成项目团队，共同为果农保价。

②给水稻换一种"新技术"

富县有着悠久的水稻种植历史。在脱贫攻坚工作中，富县农业农村局结合全县农业农村工作实际，与县农广校一同制订了"53421"农民职业模式培育计划。该计划主要通过理论面授教学、基础实践教学和网络远程教学等方式，帮助贫困户掌握水稻的品种选择、培育壮秧、合理施肥、机械化栽培、病虫草害防治等新技术，不断提高富县的水稻生产标准化技术水平，实现农业的增效提质、农民的增收致富。同时，富县还积极邀请西北农林科技大学、华盛公司的教授、高级农艺师、"土专家"，采取理论培训与现场操作相结合的授课方式，用通俗易懂的语言，为农户进行技术培训。

③给养蜂建一条"产业链"

富县积极探索产业发展机制，采取协会引领、专业合作社经营的发展方式，建立起"协会+合作社+蜂农"三位一体的产业扶贫新模式。这种模式给养蜂建起了一条"产业链"，有助于破解养蜂产业的发展瓶颈，带动贫困户脱贫致富。其中，协会主要负责对蜂农进行技术培训和指导。截至2018年，协会累计培训蜂农1648人次，发放技术资料1500余份，书籍500余套。[①] 合作社主要负责生产、加工、包装、销售等，形成了一条龙的安全生产模式。到2019年，富县共成立8个中蜂养殖专业合作社，从事中蜂养殖的蜂农达810户，蜂箱超过2万箱，仅蜂

---

① 《富县大力发展中蜂养殖产业助推脱贫攻坚》，2018年7月11日，富县人民政府网（http://www.fuxian.gov.cn/info/egovinfo/1001/xxgk_content/01082941-0-06_A/2018-0711001.htm）。

蜜一项年产值可达 3000 万元，有力带动全县 344 户贫困户脱贫增收。①

（2）取得成效

一个致富产业，是改变贫困现状的最佳途径。富县围绕培育脱贫产业，不断推动苹果、水稻、中蜂等传统产业转型升级，既增加了贫困群众的脱贫动力，筑牢了产业的发展根基，也扩大了产业的发展规模，实现了稳定脱贫的目标。

①为农民脱贫增收提供了保障

富县将苹果产业作为脱贫致富的主导产业，大力推行"保险+期货+扶贫"的产业发展模式，有效帮助果农降低经营风险、增加收入，同时有助于破解市场价格波动导致的增产不增收问题，减少了贫困户的经济损失，为贫困群众脱贫提供了保障。

"一亩地 95 元的保费，却换来 900 元的赔付，20 亩地一共赔付 1 万 8000 元。"富县交道镇果农张强难掩喜悦之情，"这是我今年的第一笔收入！"②

延安市人民政府副市长杨光远肯定地说："'保险+期货+扶贫'模式，能让好苹果进入好市场得到好收入。既是脱贫致富的有益尝试，也是对苹果产业后整理的深化。"③

②为农村产业发展筑牢了根基

富县通过"53421"培育计划和养蜂专业技能培训，提高了贫困户对水稻种植、蜜蜂养殖技术的认识和了解，为打牢全县产业发展根基，保障贫困户稳定脱贫提供了有力的技术支撑。

---

① 《富县："蜂"入寻常百姓家 鼓了腰包甜了生活》，2019 年 5 月 21 日，延安新闻网（http://www.yanews.cn/2019/0521/61406.shtml）。

② 《富县："保险+期货+扶贫"苹果丰产又丰收》，2019 年 11 月 9 日，陕西省人民政府网（http://www.shaanxi.gov.cn/info/iList.jsp?cat_id=18014&info_id=153285&tm_id=166）。

③ 同上。

2019年7月，富县农业局组织直罗镇、张家湾镇水稻种植户200①多人，在田间地头现场对水稻的插秧技术、移栽后水肥管理、插秧后病虫草害防治等问题进行技术培训，强化了贫困户的水稻种植管理技术，确保产业发展高质高效。同时，富县农业局养蜂办还邀请国家养蜂专家深入各乡镇、便民服务中心养蜂专业合作社、家庭农场、养殖户进行技术指导，解决了贫困户在养蜂过程中遇到的技术难题。

③为扩大产业规模提供了动力

富县发展蜜蜂养殖具备得天独厚的地理、气候和资源优势。但以前大多是一家一户养殖，比较零散，没有形成规模，销售也是采用简易的包装，卖给熟人，很难卖个好价钱。脱贫攻坚开展以来，富县大力推行"协会+合作社+蜂农"的产业经营模式，建立蜂农与协会、合作社之间的利益联结机制，把蜂农的利益捆绑在养蜂产业链上，实现了生产、加工、包装、销售一条龙安全生产模式，推动了养蜂产业发展规模的不断壮大。

"虽然现在我的日子还有点紧，但是我觉得有希望有奔头，农业农村局政策这么好，给我提供免费蜂箱，教我技术。2018年，合作社还帮我卖了10000元的蜂蜜，只要我勤劳肯干，一定能致富！"② 提起养蜂，富县寺仙镇王家庄村的贫困户周志伟和老伴满怀信心。

"合作社成立以来，通过电商和柜台铺货等销售方式，仅半年就销售了35000元蜂蜜。2018年，我们准备增加蜂农数，扩

---

① 《富县召开水稻大田技术管理培训会》，2019年7月12日，陕西新闻网（http://news.cnwest.com/fuxian/a/2019/07/12/17879467.html）。

② 《土蜂蜜成了"香饽饽"——富县发展中蜂养殖产业小记》，《延安日报》2019年6月3日第3版。

大规范养殖基地，进一步拓展市场，争取年底总销售突破60000元。"① 担任富县寺仙镇农业干事的段壮说。

2. "旅游+N"助力打通脱贫致富新路——黄陵县脱贫攻坚的实践

黄陵县位于延安市南端，由于地理环境的限制，传统产业发展滞后。截至2014年年底，全县共有贫困户3435户，贫困人口9779人，贫困发生率为17.75%。为破解脱贫难题，黄陵县积极探索旅游新路，以"旅游+N"模式，促进经济社会全面发展。

（1）主要做法

①"旅游+创新"，不断提升黄陵游经济潜力

黄帝陵古称"桥陵"，是中国古代历代帝王和名人祭祀黄帝的场所，也是全世界华人追根寻祖的圣地。黄陵县坚持以黄帝陵景区为核心，通过建设黄帝文化中心等项目，加大对黄帝陵文化的挖掘力度，创新黄帝陵旅游体验。

来自内蒙古的游客丁先生带着家人在黄帝陵拜谒后，来到黄帝文化中心参观。他说："黄帝陵我已经来过好几次了，但是今天参观过黄帝文化中心后那种文化自信和民族自豪更加深刻，场馆里通过高科技的声光效果，把黄帝做衣冠、造舟车、教蚕桑、定音律、创医术、造历法等丰功伟绩形象地展现到我们面前，通过这种感官体验，我仿佛真的触摸到了历史的脉搏。"

黄陵通过对黄帝陵文化的挖掘力度，使得黄陵游更具吸引力的同时，还积极打造沮河沿线景观带、塬区果业观光体验带，连接黄帝文化园区、店头现代工业游览区、西线休闲养生游览

---

① 《陕西富县：中蜂酿就百姓甜蜜生活》，2019年4月17日，农村网（https://www.pig66.com/zhifu/nc/2019/0417/481579.html）。

区、龙栖湖水域风情游览区，构筑"一核两带四区域"① 旅游发展格局，全面优化了全域旅游发展格局。

②"旅游+文化"，让非遗文化带动经济发展

黄陵县丰腴的文化沃土孕育出风姿独特的非遗文化。黄陵以国家级非遗项目"黄帝陵祭典"和"黄陵面花"为重点，2015年以来逐年向省、市成功申报了"黄陵老秧歌""黄帝的传说故事""黄陵民歌"等多项非物质文化遗产代表作。黄陵丰厚的非遗文化，不仅成为继黄帝陵后又一大人文景观，而且成为可挖掘的具有丰厚潜力的旅游资源。

为发掘非遗文化的经济价值，让非遗传承与经济发展齐头并进，黄陵以旅游为载体，积极利用各种文化活动和节庆时机，采取"引进来、走出去"的方式，不断扩大这些非遗项目的影响力。现在，学习、观赏黄陵的非遗文化，已经成为来黄游客必不可少的一个行程，曾经一度被忽略的非遗文化因插上了旅游的翅膀再次火了起来。

③"旅游+农业"，以生态旅游促进经济增长

随着旅游经济持续升温，黄陵还以国家全域旅游示范区创建为抓手，积极推进最能凸显当地特色的"旅游+农业"模式，以旅游促"三农"，多渠道带动群众脱贫致富的目标。

黄龙县隆坊镇刘家河依托丰富的自然生态优势，把养殖业和旅游相结合，让来黄游客能吃到黄陵的大闸蟹。同时，还坚持把养大闸蟹与精准扶贫结合起来，让大闸蟹成为农民脱贫致富的支柱产业、特色产业，也让大闸蟹这一名优水产品现身寻常百姓的餐桌。

---

① "一核"即以黄帝陵景区为核心，"两带"即打造沮河沿线景观带和塬区果业观光体验带，"四区域"即黄帝陵国家文化公园、店头现代工业游览区、西线休闲养生游览区、龙栖湖水域风情游览区。

(2) 取得成效

①探索、形成全域旅游新模式

黄陵大力推行"旅游+N"模式,在积极探索全域旅游的同时,以旅游为龙头带动其他产业不断发展。

索洛湾村依托黄陵国家森林公园里的"大风景",打造出了乡村"小风景"。在保护好生态环境的同时,村上先后建起了民宿古镇、薰衣草庄园、崖壁石窟、悬空栈道等景点,游客慢慢多了起来。

据统计,2018年黄陵县接待游客813万人次,增长21.3%;旅游综合收入28.8亿元,增长22.6%,为县域经济发展作出巨大贡献。[①]

②旅游带动了文化产业发展

黄陵拥有丰富的文化旅游资源。近年来,黄陵不断加大对旅游产业的投资力度,通过建设黄帝文化中心等旅游大项目,为丰富黄帝陵游文化内涵,壮大旅游产业发展奠定了坚实的基础。

黄陵还积极举办元旦夜新年祈福、清明公祭、重阳民祭等特色活动,打响了黄帝陵祈福文化新品牌,进一步提升了黄帝陵的国际地位和影响力。

黄陵通过文旅互哺发展探索,不仅使黄陵文化得到进一步挖掘,也助力黄陵旅游产业向现代旅游业跨进一大步。

③旅游带动了农业产业发展

黄陵在积极推进文旅融合的同时,还结合自身旅游优势资源促进农业产业发展,逐步推介旅游扶贫重点村,多渠道带动当地群众脱贫致富。

[①] 《陕西延安黄陵县:高品质特色旅游坚定文化自信》,2019年3月14日,中国文明网(http://www.wenming.cn/dfcz/sx_1689/201903/t20190315_5039500.shtml)。

黄陵国家森林公园带动周边"农家乐"服务餐饮户20多家，200户贫困户参与到旅游脱贫致富的行列中来。

2018年，黄陵县域综合排名进入西部百强，稳居陕西省第一方阵，城镇居民人均可支配收入31942元，增长8.1%，高于延安市0.1个百分点；农村居民人均可支配收入11706元，增长9.7%，高于延安市0.5个百分点。2015年，黄陵县整体脱贫；2019年，贫困发生率降至0.8%。[①]

（六）甘泉、延长社会扶贫攻坚实践

1. 以龙头企业破解贫困地区产业发展的"三大难题"——甘泉县脱贫攻坚的实践

甘泉县地处洛河峡谷地带，是延安市贫困面较大、产业较薄弱的县区之一。尽管拥有苹果、蘑菇、养殖等特色产业，但却面临资金短缺、技术不足、销售不畅等难题，难以将特色优质农产品转化为群众收入，整体发展水平不高。2014年，全县仍有贫困村39个，贫困户2907户，贫困人口7699人，贫困发生率高达11.94%。[②] 为了解决贫困户的资金、技术、销售等难题，甘泉县立足县情实际，大力引进陕西果业集团、延安市嘉康食用菌有限公司、劳山鸡业有限公司等龙头企业，探索出了一条龙头企业促脱贫的产业发展新模式。2018年，甘泉县整体脱贫；2019年，贫困发生率降至0.63%。

（1）主要做法

为了建立长期稳定的产业基础，甘泉县按照"调粮、增菜、扩果、兴畜"的产业发展思路，制定了《农业产业建设暨脱贫

[①] 《中共黄陵县第十六届委员会第五次全会第二次会议召开》，2019年1月16日，延安市人民政府网（http://www.yanan.gov.cn/xwzx/qxkx/hlx/357316.htm）。

[②] 数据来源：延安市扶贫办。

攻坚扶持办法》，通过"保底+分红"、"四免一补"服务、"公司+贫困户+电商"等方式，带动蔬菜、苹果、养殖等特色农业的发展，实现贫困户的脱贫致富。

①创新"保底+分红"的产业发展模式

苹果产业是甘泉县农民增收致富的一大法宝。近几年，陕西果业集团延安有限公司甘泉果树试验场按照精准脱贫的工作要求，探索出"企业+村集体+贫困户"的扶贫模式，以"保底+分红"的产业发展模式与甘泉县石门镇7个村委会签订"代建代管"合作协议。

协议要求，各村集体出资30万元，由陕西果业集团甘泉果树试验场代建、代管30亩果园，期限30年。按照协议，果园挂果后，前3年，全村每年享受保底分红3万元，户均预计增收1500元。后27年收益为"保底+分红"，每个村每年保底1.5万元，待果园挂果后，村集体占40%的股权，即每个村享有12亩果园的收益。每亩预计年产2000公斤，按每公斤4元计算，每村每年可收益9.6万元，如因特殊天气导致收益较少或无收益，陕果集团甘泉试验场当年给每村1.5万元保底收益。①

②实施"四免一补"的产业帮扶举措

位于劳山乡林沟村的延安嘉康食用菌有限公司是一家集食用菌研发、种植、销售、技术推广服务于一体的龙头民营企业。自2014年入驻劳山乡以来，该公司按照"建基地、搞服务、包销路"的发展思路，为甘泉县贫困户提供"四免一补"产业服务。即免费为贫困群众送货到指定地点，免费提供注水针、水泵、雨衣等物品，免费提供脱袋、采菇、注水等技术指导，免费提供保鲜库供食用菌存储，以此减少贫困户的成本和投入。

---

① 《创新资金使用方式　全力助推脱贫攻坚——甘泉县积极探索扶贫资金管理使用新方式》，2018年6月14日，延安市人民政府网（http://www.yanan.gov.cn/gk/ggfw/fpxx/329313.htm）。

在该公司辐射带动下，2018年，甘泉县共建成食用菌基地10个，种植食用菌46.5万棒，覆盖贫困户146户，户均预计可增收2万元。①

③构建"公司+贫困户+电商"的产业利益联结机制

脱贫攻坚以来，甘泉县结合拥有省级农业产业化龙头企业劳山鸡业公司以及群众有养鸡经验的实际，实施"公司+贫困户+电子商务"的产业扶贫模式。在公司与贫困户之间建立利益联结机制，引导贫困户参与到养殖产业发展中来，带动贫困户稳定增收。

该模式是由政府出资，通过劳山鸡业公司将鸡苗集中孵化至60日，然后免费发放到贫困户手中。鸡苗长大后生产的鸡蛋再由劳山鸡业按照市场统一价格进行回购、加工和包装，然后借助电商平台在网上销售。按照这种产业扶贫发展模式，贫困户不用投入过多成本，也不用担心后期的销路，只需要认真养殖鸡苗就可以增加收入。

（2）取得成效

甘泉县实施的龙头企业带动式扶贫，有效解决了贫困群众在资金、技术、销售等方面的难题，确保贫困群众实现持续稳定增收的发展目标。

①破解贫困户资金短缺难题

"保底+分红"产业发展方式，让贫困户获得稳赚不赔收入的同时，解决了甘泉县果农无资金种植苹果的难题。甘泉县政府将360万元财政专项扶贫资金入股陕果集团甘泉试验场，由该场代建。农民不需要投入任何资金，并且前三年每年还能免费享受保底分红3万元。第四年以后，贫困户在获得收入的基础上，可以到果园务工再次增加收入，同时还能学习果树日常

---

① 《"五色"花竞开 结出致富果——甘泉县精准脱贫之产业扶贫篇》，《延安日报》2018年11月1日第5版。

管理技术，管理果园，为日后发展苹果产业、提高果树管理技能打下了坚实的基础。

2018年，陕西省果业集团甘泉试验场共流转土地3886.74亩，期限30年，流转费用1731.6万元，已兑付前三年租金173.16万元，涉及贫困户1118户。① 通过"保底+分红"的扶贫发展方式，全县扶持带动甘泉县贫困户702户，户均每年可增收1500元，扶持带动村集体63个，每村每年可分红7000元。②

②破解贫困户技术不足难题

延安嘉康食用菌有限公司提供的"四免一补"服务，帮助贫困户解决了种植技术上的难题，增加了贫困户的脱贫信心，提高了贫困户的致富能力。

劳山乡林沟村贫困户赵顺义是受益贫困群众之一。前两年赵顺义的妻子患病，高额的治疗费用让这个家庭陷入了贫困。2017年，他向延安嘉康食用菌有限公司买了4000棒菌棒，每棒5元，其中县上每棒补助2元，劳山乡政府每棒补助0.5元。除此之外，建棚、买塑料都是政府出资支持，他每棒只花了2.5元。③

"刚买回来那段时间，技术不熟练，公司的技术员天天蹲在我这里，手把手地教我，有段时间赶上陪婆姨化疗，没时间上市场卖，香菇就被公司签订单收购了，解决了我的销售难

---

① 《凝心聚力"滚石上山" 众志成城强力攻坚——甘泉县精准脱贫之合力攻坚》，2018年11月7日，陕西省扶贫办网（http：//www.shaanxi.gov.cn/zdzl/tpgj/glgj/shfp/125708.htm）。

② 《甘泉县：持续抓好基础设施和产业建设》，2019年1月15日，腾讯网（https://new.qq.com/omn/20190115/20190115A0U4VY.html）。

③ 《"五色"花竞开 结出致富果——甘泉县精准脱贫之产业扶贫篇》，《延安日报》2018年11月1日第5版。

题。"① 2018年，赵顺义多买了2000棒菌棒，加上公益性岗位工资，年底预计纯收入近2万元。② 这些小香菇给他撑起了生活的信心，他家终于看到了脱贫的希望。

③破解贫困户销售不畅难题

"公司+贫困户+电商"的产业发展模式，破解了甘泉县贫困户在养殖方面存在的销售不畅难题。龙头企业劳山鸡业公司对鸡蛋进行加工、包装后，利用电商渠道进行产品与服务的购买和销售，形成农产品从田间到餐桌的全链条联动，真正做到了让贫困户富在电商产业链上。

企业总经理常东平说："贫困户拿到鸡后，养两个多月后就可以产蛋卖钱，一年1只鸡最少产蛋120个，50只鸡可以产蛋6000个，除去饲养成本，贫困户每年光养鸡这项产业至少能赚3000元。"③

2016年10月15日，是劳山鸡业上门回收土鸡蛋的日子，甘泉县劳山乡卢庄村59岁的贫困户加彩义家里正好有150个鸡蛋可以出售，按照每个1.5元，他们今天能有225元的收入。这种产业发展模式，使常年患病、家庭贫困的加彩义顺利脱了贫，日子一天天好起来。

2. "万企帮万村"精准发力有成效——延长县脱贫攻坚的实践

延长县位于延安市东部，属于国家扶贫开发重点县。2014年，延长县有贫困村83个，贫困户8457户，贫困人口20198人，贫困发生率高达17.07%。2015年以来，延长县在对贫困

---

① 《"五色"花竞开　结出致富果——甘泉县精准脱贫之产业扶贫篇》，《延安日报》2018年11月1日第5版。

② 同上。

③ 《甘泉劳山鸡业助民致富给贫困户发放蛋鸡四万多只》，2017年1月13日，延安新闻网（http：//m.yanews.cn/pcarticle/27315）。

群众进行调研的过程中发现，缺乏长效产业是造成贫困的主要原因。针对这一情况，延长县持续抓好产业培育这个根本，注重加强与企业的合作，开展"万企帮万村"① 社会帮扶行动，联合蓝耳朵养殖专业合作社、西安市延长商会等50多家民营企业进行帮扶。共帮扶83个贫困村，1229户、5380人，落实投入资金747万元，为全县打赢脱贫攻坚战发挥了积极作用，成为延长县扶贫的一大亮点。2017年延长县获得陕西省"万企帮万村"先进县称号。

（1）主要做法

延长县在吹响民营企业进村帮扶集结号后，各民营企业迅速行动，精准对接、精准施策，基本形成了以下几种帮扶模式：

①产业帮扶

延长县在开展"万企帮万村"精准扶贫中，将产业发展作为贫困村脱贫的工作重点。结合贫困村发展的实际情况，发挥民营企业在资金、技术、人才等方面的优势，立足市场需求，参与贫困村的特色产业发展、搭建产销平台、促进休闲农业和乡村旅游开发等，带动贫困村经济发展和贫困人口的脱贫增收能力，形成"村企共建"的发展模式。

②就业帮扶

一是企业面向帮扶贫困村、贫困户招收员工，提供劳动和社会保障，提高贫困户的脱贫增收能力。二是企业提供职业技能培训与指导，帮助帮扶对象学习掌握职业技能、致富技术，拓展贫困户劳动力本地就业和外出务工空间，增强就业能力。

---

① "万企帮万村"是由全国工商联、国务院扶贫办、中国光彩会2015年共同发起的一项精准扶贫行动。以民营企业为帮扶方，以建档立卡的贫困村、贫困户为帮扶对象，以签约结对、村企共建为主要形式，力争用3—5年时间，动员全国1万家以上民营企业参与，帮助1万个以上贫困村加快脱贫进程，为促进非公有制经济健康发展、打好扶贫攻坚战、全面建成小康社会贡献力量。

③教育帮扶

扶贫先扶智，延长县各民营企业参与贫困村教育扶贫结对帮扶、扶贫助学助困项目，千方百计解决学生学习和生活的困难，给学子带去温暖。对贫困户家庭学生实现从中学、大学直至就业"一条龙"帮扶工作，使温暖的光照亮每一位学子的心田。

④公益帮扶

一是民营企业开展贫困村孤寡老人、重病患者、留守儿童、低保家庭、特困人员等关爱保障工作，帮助他们解决生活、工作、学习等方面的困难。二是以开设"爱心超市"、援建道路桥梁、饮水工程、卫生设施、文化场所为载体，帮助结对村贫困户改善生产生活条件。三是联合志愿服务组织、社会工作服务机构到贫困村开展志愿服务，为贫困人口提供心理疏导、生活帮扶、能力提升、权益保障等专业服务。

⑤健康帮扶

一是企业为贫困村提供医疗技术支持、卫生人才培训和紧缺设备援助等，提高医疗水平，改善服务设施。二是帮助贫困群众解决大病、地方病、慢性病等问题。三是联合有条件、有资质的社会组织对贫困人口开展义诊、体检，进行医疗救助服务。

⑥其他帮扶

民营企业通过创新扶贫模式和途径，根据贫困人口的实际需要，坚持精准施策原则，采取多种形式和路径，因地因时因户进行精准扶贫，充分激发有劳动能力的贫困人群的内生动力，提高贫困户发展能力，确保贫困户增收致富，缩小城乡居民收入差距。

（2）典型案例

企业发展和农民脱贫双赢双受益——蓝耳朵养殖专业合作社

孙萌是延长县七里村孙家河人，她开办的蓝耳朵养殖专业合作社全力开展现代农业产业扶贫工作，依托土鸡养殖、玉米种植、棚栽蔬菜和文冠果油料生产四个生产基地，探索出"企业—贫困户"的合作模式，即分户饲养、统一回收、统一宰杀、统一包装、统一销售的发展模式，合作社提供蔬菜种苗、肥料等材料，社员承包大棚、种植蔬菜，待蔬菜成熟之后，合作社统一负责收购与销售。通过这种合作方式，合作社的蔬菜品质和产量得到了保证，管理成本也大大降低，同时社员不用担心产品的销路问题，走上了致富之路。

截至 2017 年，蓝耳朵养殖专业合作社总资产达 510.25 万元，固定资产 125.2 万元，年营业额 523.36 万元。合作社现有农户 320 多户，其中吸收贫困户 117 户。除此之外，还带动周边七里村、安沟等乡镇及宝塔区林镇、麻洞川等地 180 多户贫困户开展养殖，300 多户进行蔬菜种植。蓝耳朵养殖专业合作社在不断壮大的同时，家乡的父老乡亲也跟着走上了脱贫致富的小康之路，实现了企业发展和农民脱贫双赢双受益。2017 年蓝耳朵养殖专业合作社获得全省"万企帮万村"先进企业称号。

（3）取得成效

延长县鼓励、支持农业龙头企业、农民合作社等主动承担扶贫责任。自"万企帮万村"精准扶贫行动实施以来，广大民营企业广泛响应，把爱心播撒到了大地，为贫困群众建立了扶贫致富产业，实现了收入稳步提升，拓宽了就业、教育、医疗保障的渠道，取得了良好的经济效益和社会效益。

①建立了扶贫致富产业

延长县按照"政府扶持、企合带动、以奖代补、双向激励、利益联结、市场运作"的思路，通过政府出台帮扶政策，民营企业提供资金、技术等措施，帮助贫困户建立适合发展的产业。一方面建立苹果、葡萄、花椒等长效产业发展，为贫困户的长久发展打基础；另一方面落实养猪、牛、鸡等短期增收项目，保障贫困户的当年收入。

延长县50多家民营企业与贫困户建立了合作关系，通过长短结合建产业的办法，帮助贫困群众建立扶贫产业。2018年，延长县全县6299户15888名有劳动能力的贫困群众全部建立起增收产业。

②实现了收入的稳步提升

延长县围绕苹果、瓜菜、养殖、小杂粮四大扶贫产业，依托"企业+贫困户"的帮扶模式，使贫困群众的收入稳步提升。2017年，延长县农民人均可支配收入达9410元，与2014年的7922元相比增长了18%。贫困户的人均纯收入达7667.5元，与2014年的1917元相比较，增加了5750.5元。

"跟企业签约后，种苹果不但有人给我们送技术设备，还有'能人'带着干，今年果园的收益我很满意。"[①] 延长县七里村镇彭家源村村民彭志良与延长本土企业中果果业有限公司签约，实现了脱贫致富。

③拓宽了就业教育医疗保障渠道

"万企帮万村"行动的开展，拓宽了贫困群众就业、教育、医疗等方面的扶贫保障渠道。延长县发挥民营企业的资源，创办就业扶贫基地和就业示范基地5个，举办各类就业培训，保障有劳动能力且符合条件的建档立卡贫困户每户至少有1人稳定就业。

延长县广泛凝聚社会帮扶力量，联合各类企业设立各类教育扶贫基金，资助贫困学生，开展"千里寄爱心　共筑留守梦"爱心捐赠等活动，实现了学前教育、小学、初中、高中、大学各阶段教育扶贫全覆盖。

延长县充分发挥民营企业医疗卫生界的优势作用，开展爱心义诊，对因病致贫户实行医疗签约服务，对慢性病患者提供

---

① 思博海：《"企业+贫困户"让贫困户脱贫不返贫》，《延安日报》2018年8月6日第3版。

免费药物等,有效遏制因病致贫、因病返贫。2018 年,延长县整体脱贫;截至 2019 年年底,延长县累计有 8282 户、19903 人脱贫退出,贫困发生率由 2014 年年底的 17.07% 下降到 0.25%。

(七)宜川、子长自力更生扶贫攻坚

1. 精神扶贫激发脱贫斗志——宜川县脱贫攻坚的实践

宜川县是国家级贫困县,2014 年全县有贫困村 47 个,贫困户 5568 户,贫困人口 15683 人,贫困发生率高达 19.73%。[①] 精准扶贫过程中,宜川县把发挥群众主体作用作为脱贫致富的关键之钥。针对部分贫困群众"懒、散、愚、等、靠、要"等精神贫乏的突出问题,通过多种方式帮助贫困群众树立劳动致富理念,提振奋斗脱贫志气,激发贫困群众的自主脱贫意识。

(1) 主要做法

宜川坚持扶志、扶智、扶德相结合,通过教育扶贫、党建扶贫、爱心超市激励等举措,帮助贫困群众树立摆脱困境的斗志。有效破解了部分群众"习惯穷""争当穷""无奈穷"等思想顽疾,使得贫困群众想干、敢干、能干、会干,依靠自身努力摆脱贫困。

①教育扶贫授之以"渔"

"教育扶贫"是斩断贫困"代际传递"的重要方式,它不是简单的对帮扶对象"授之以鱼",更多的是"授之以渔",使贫困群众具备脱贫致富的能力。

多举措进行精准教育帮扶。宜川县在对贫困学生进行精准识别的基础上,通过寄宿生生活补助、贫困生奖学助学金、社会捐资助学、师生结对帮扶机制等渠道,帮助贫困学生完成学业。

---

① 数据来源:延安市扶贫办。

加强贫困人口的劳动技能培训。为了让有劳动能力的贫困户掌握"一技之能",实现稳定就业。宜川县积极邀请专家对贫困群众进行了棚栽业发展、羊肚菌种植、苹果生产管理、病虫害防治等培训。2017年实现培训1800人次,有效解决脱贫技能缺乏的问题。

凝聚社会教育帮扶力量。宜川积极与各大慈善基金会和爱心企业家对接,建立健全社会力量扶贫机制。2017年,江苏中远助学帮老基金会捐资120万元,在宜川中学设立陕西省首个"战旗'圆梦班'",资助60名贫困学生完成高中三年学业。

②党建引领授之以"志"

宜川坚持把党的建设作为脱贫攻坚的重要引擎,围绕"抓党建、促脱贫、惠民生、筑和谐"的总体思路,着力整合组织资源、发挥组织优势、凝聚组织力量,为脱贫攻坚提供坚强的组织保证。

抓好三项工作,激发贫困群众脱贫之"志"。一是抓思想宣传鼓动,引导党员领导干部宣讲精准扶贫政策、邀请先进典型传授经验,营造不甘落后、人人思进的浓厚氛围。二是抓骨干队伍建设。打造一支素质高、业务精、作风硬、能力强、真扶贫、扶真贫的干部队伍,切实带领群众脱贫致富。三是抓示范引领作用,提高基层党组织协调能力和处理问题的水平,发挥党员致富带头人的积极性、主动性、能动性,促进扶贫产业有效发展。

③爱心超市授之以"爱"

通过设立"爱心超市",建立物品捐赠和再分配平台。宜川积极探索"积分改变习惯、勤劳改变生活,环境提振精气神、全民共建好乡村"的扶贫模式。

贫困群众只要自愿参加力所能及的公益活动,或为脱贫攻坚工作作出一定贡献,都可以免费获得爱心超市的一张积分卡。然后,可通过改善生活环境、传颂家庭美德、兴建致富产业及参加村组集体活动、义务劳动等获取积分,凭借积分卡在爱心超市兑换所需物品。爱心超市变"送钱送物"为"劳动致富",有效打破贫困群众惰性思想。

(2) 取得成效

通过精神扶贫,宜川县形成了教育扶贫教会群众干、党建扶贫带着群众干、爱心超市激励群众干、贫困群众自力更生好好干的良好氛围,让"幸福都是奋斗出来的"社会风尚在干部群众心中真正落地生根。

①贫困群众的发展能力显著增强

宜川县通过教育扶贫,为宜川学子成长成才、实现梦想,为宜川百姓脱贫致富、奔向小康创造了条件,打牢了基础,斩断了"贫困的代际传递"的根源,彻底根除了"教育穷根"。

来自家庭极度贫困的下岗职工家庭的袁俊杰,通过扶贫助学渡过难关,2014年考入西安交通大学。来自宜川最偏远的贫困村农民家庭的刘方,通过扶贫助学解决了学习生活后顾之忧。2015年以663分被北京大学录取,成为宜川第一个考上北大的农村娃,也成为备受关注的自强自立的贫困学生典型。

②贫困群众的脱贫信心牢固树立

宜川县112个农村党支部3600名党员,加上1300名帮扶干部,[1] 拧成一股绳,在脱贫攻坚中积极发挥"领头雁""主力军"作用。始终坚持抓班子、带队伍、强基础、促发展,为决胜脱贫攻坚奠定组织基础,不断增强贫困群众的脱贫信心。

党建扶贫带动了产业发展。宜川县王湾村通过党员带头,支部领先,在村上先尝试着发展了23个蔬菜弓棚,当年每棚收入就达到了6000多元。看到效益后,贫困群众脱贫信心大增,

---

[1] 《宜川:"党支部+企业+产业+合作社"党建引领促脱贫》,2018年9月13日,陕西新闻网 (http://news.cnwest.com/bwyc/a/2018/09/13/15971945.html)。

第二年，全村的蔬菜弓棚一下子发展到了110棚。如今，在基层党支部的带动下，弓棚蔬菜已经实现了村民全覆盖，2017年年底已经实现了贫困户户均增收超过8000元。

③贫困群众的内生动力全面激发

爱心超市通过多积多得、应兑尽兑的积分模式，积出了贫困群众勤劳致富的愿望，兑出了勇于脱贫的干劲。截至目前，爱心超市共兑换实物价值20余万元，内生动力全面激发。群众抢抓产业政策等各项扶持机遇，累计新建苹果园430亩，改造提升大棚110座，引进优质棚栽品种10余种，种养殖等产业多点开花。参加村级公益事业热情也空前高涨，实现设施有人管护、卫生有人打扫、道路有人维修，小小积分卡释放出脱贫致富大能量。

从2015年立下脱贫攻坚志，4年时间，宜川县47个贫困村全部脱贫退出，5568户、15683名群众摘掉贫困帽子，贫困发生率从2014年的19.73%降至2019年的0.46%。2016年、2017年、2018年，宜川县相继获得"陕西省扶贫绩效考核优秀县区""陕西省脱贫攻坚工作先进县""陕西省脱贫攻坚工作成效考核综合评价好的县区"等殊荣。2019年5月，宜川县实现了整体脱贫摘帽。真正达到了"立下愚公志，搬走贫困山"的脱贫攻坚目标。

2. 扶志气、扶风气、扶资金，齐步迈向幸福之路——子长市脱贫攻坚的实践

子长市位于黄土高原中部，境内峁梁起伏，沟壑纵横。虽然土地、矿产资源丰富，但因无资金、欠开发，脱贫困难重重。2014年年底，子长市仍有贫困村82个，贫困户11254户，贫困人口33761人，贫困发生率为16.17%。[①] 近年来，子长在脱贫

---

① 数据来源：延安市扶贫办。

攻坚工作中立足于实际情况,通过扶志气、扶风气、扶资金,建立起一套完整的帮扶脱贫模式,为全市人民铺设了一条幸福之路。2018 年,子长市整体脱贫;2019 年,贫困发生率降至 0.71%。

(1) 主要做法

在脱贫攻坚的过程中,子长市十分重视精神扶贫牵引作用,通过志智同扶、移风易俗、"N+贫困户"等扶贫方式,有效激发了贫困群众致富的内生动力,改善了农村地区的乡风乡貌,带动了经济发展和农户增收。

①志智同扶,激发致富内在新动力

为了激发贫困户致富的内生动力,子长将扶贫与扶志、扶智紧密结合起来,将驻村工作队、第一书记、乡镇干部、驻村干部"四支队伍"力量整合起来。通过举办"新时代农民讲习所""农民夜校",在市电视台开设《脱贫攻坚第一线》栏目等多种形式、多种渠道,广泛宣传脱贫政策,报道脱贫典型,教育引导贫困群众消除"等靠要"思想,提振争先脱贫的信心和决心。

同时,子长市还定期邀请致富之星、乡贤能人、道德模范进行巡回宣传。在数个示范村建立了"农民大课堂",让农民"立志""增智""有技",从而走上自觉脱贫发展的新路子。

除此之外,为了提高贫困群众的再就业能力,子长市整合了扶贫、就业、教育、产业、电商等培训资金和资源,对贫困群众进行技能培训,保证有劳动能力贫困户掌握 1—2 门的实用技术。

②移风易俗烘托脱贫"新气象"

子长市坚持扶贫不仅是物质帮扶更是精神帮扶的理念,全面推进"传家训家规、树家风民风"工程。先后出台了《关于深化子长县文明村镇创建工作的意见》等制度,通过传统美德的传承弘扬、乡风民风家风的培育,使贫困户从"要我脱贫"

转变为"我要脱贫",脱贫致富积极性大为提高。

子长市还充分发挥自身独特优势,着力挖掘旅游资源,全力打造特色小镇,深入开展农村人居环境整治。编制了《子长县改善农村人居环境总体规划》,出台了3年行动方案,围绕"七改三清三完善"工作重点,实施村庄绿化、净化、美化,提升村容村貌,不仅为当地居民提供了生态宜居和谐秀美的生活环境,也有力地带动了当地经济发展和农户增收。

③ "N+贫困户"模式,打造"三金"农民

"合作社+贫困户"模式。子长市为加强土地流转,提高土地利用率,建立了县镇村三级流转服务平台,全面推进农村土地确权登记颁证工作,将农户已确权登记的土地承包经营权租赁给企业、合作社、家庭农场等经营主体,促进农业产业的集约化、规模化发展,使土地经营权由原来的"不动产"变成了"动产"。

"党支部+贫困户"模式。为给全县贫困户增加就业机会,子长市各村党支部积极成立劳务工作队,优先推荐贫困人口到果园或合作社务工,短工每天80—120元,长工每月1500—3000元。长期务工的村民每年收入可达到2万元,短期务工的村民每年平均收入9000元以上[1],真正实现了"社农"共赢。

"能人大户+贫困户"模式。子长市不断创新合作经营方式,吸纳贫困户加入合作社,鼓励贫困群众带资入股、参与分红。在实施产业扶贫过程中,子长市强强果业农民专业合作社、秦丰农林有限公司、窑洞娃农副产品有限公司等经营主体吸纳40户贫困户贷资入股,5万元合作三年,贫困群众每年可保底分红3600元。[2] 同时,各乡镇引导农民把精准到户的扶贫专项

---

[1]《子长县史家畔便民服务中心:"三级承诺"兴产业促脱贫》,2018年5月9日,搜狐网—延安党建(https://www.sohu.com/a/230987196_508473)。

[2] 同上。

资金和"扶贫小额贷款",入股到村集体经济和效益较好的企业和合作社,合理确定股份比例,参与分红成为股民。

(2)取得成效

①智慧、志气带来新生活

如今,子长市已经实现从学前教育、义务教育、高中阶段教育到中职、高等教育"全覆盖、无缝衔接"的家庭经济困难学生资助体系。子长市注重教育发展的各项措施避免了任何一个学生因贫失学。

在帮扶干部的鼓励引导和实用技术带动下,充分激发了贫困人员的致富动能。众多贫困户从"要我脱贫"转变为"我要脱贫"。子长市余家坪镇新寨河村的贫困户张海琳,由于妻女相继去世,一度对生活失去信心。通过帮扶干部不断鼓励,现年61岁的张海琳重燃起致富的斗志。现在他经营起了3个油桃大棚,还种了5亩玉米和土豆,成为子长"扶贫扶志"工作惠及的众多贫困群众之一。

②乡风乡貌得到明显改善

脱贫攻坚不仅要在物质上改善,更要在精神上提升。子长市通过移风易俗倡导的新民风建设,使得农村婚丧嫁娶中大操大办、高额彩礼、奢侈浪费等问题大为改观,既为群众特别是贫困群众减轻了负担,也形成了良好的社会氛围。

近年来,子长市为改善农村环境,新增垃圾中转站9个、垃圾车23台,为139个村购置了垃圾收集设施。10个综合示范村创建取得明显成效,[①]凉水湾村被确定为省级"美丽宜居示范村",崖头、宋家坪村被确定为市级"美丽宜居示范村"。现在的子长市不仅生态宜居,也成为每一位来访者亲近自然、避暑休闲、旅游观光的绝佳体验之地。

---

① 朱佳雨:《美丽画卷正铺展——子长县乡村振兴工作纪实》,《延安日报》2019年7月19日第5版。

③农民收入明显提升

农民有租金。史家畔便民服务中心以"合理定价、奖补差价"的举措突破流转土地瓶颈，土地流转面积达到7900多亩，按照山地100—300元、川地800—1000元、坝地200—500元的价格，每年可增收近200万元。丹头千亩山地苹果示范带累计流转2010亩土地发展山地苹果产业，按照每年每亩100元的租赁费，可为群众增收20.1万元。①

郭志军是子长市杨家园镇蜜蜂峪村村民，村上通过土地流转，帮助他建起了两个大棚，分别种植甜瓜和西红柿。"现在反季节甜瓜卖到每斤30元，流转出去的土地还有租金，生活比以前更有盼头了。"②

农民有薪酬。余家坪镇凉水湾村是子长市脱贫致富的典型村。为了带动全村60户贫困户159人脱贫，③凉水湾村利用村后沟的水资源筹办了一个扶贫纯净水厂。截至2018年已吸纳48户贫困户众筹入股分红。贫困户魏向银说："我贷款入了建厂的股，这样到了年底有分红，再加上在水厂上班的收入，别说脱贫了，致富也没问题。"④像他这样在企业就业的农民，子长现有3640人，其中贫困人口1218人，年创薪酬4850万元。⑤

农民有股金。子长市史家畔乡能人大户李晓伟，吸纳10户贫困户参与入股，每户入股1万元产业发展帮扶资金，走"贫困户入股合作社""大手拉小手"的发展模式。李晓伟现已发展规模为3年树龄的苹果园280亩，百头养猪场一座，走上了

---

① 朱佳雨：《美丽画卷正铺展——子长县乡村振兴工作纪实》，《延安日报》2019年7月19日第5版。
② 李晓军、郝文军：《子长"三变"改革得"三金"精神扶贫断穷根》，《延安日报》2018年7月3日第1版。
③ 同上。
④ 同上。
⑤ 同上。

"养猪业和苹果业"循环发展的养栽模式。合作社给贫困户最低保底分红每年400元,实现贫困户"旱涝保收"。2016年11月,入股的10户贫困户,在2017年5月第一茬猪出栏分红会上,每户1万元户均分到红利1100元。①

截至2018年,全市4776户(其中贫困户1156户)将闲置的4.6万亩土地实现流转,户均年增收"租金"1000元以上。有1795户农户(其中贫困户560户)通过土地、资金等入股企业、合作社,成为"股金"农民;在各类龙头企业(合作社)就业3890人(其中贫困人口1283人),年工资性收入4850万元。②

---

① 《子长县脱贫攻坚亮点》,2018年5月10日,中国网丝路中国频道(http://sl.china.com.cn/2018/0510/39956.shtm)。
② 刘小艳:《今年实现全县整体脱贫各项目标任务基本达到预期》,《延安日报》2018年10月13日第2版。

六　延安精准脱贫的意义

延安既是中华民族圣地，也是中国革命圣地。曾经的延安，贫穷而落后，黄沙漫漫，满目荒凉。党的十八大以来，精准扶贫方略高效实施，延安还是那个延安，却也不再是过去的延安。现在的延安，旧貌换新颜，人民安居乐业，再也没有了过去的黄沙盖面，也没有了过去的贫困荒凉。延安脱贫，是中国960万平方公里土地上正在进行的脱贫攻坚战的一个缩影。

（一）延安脱贫是精准脱贫的一个缩影

"消除贫困、改善民生、实现共同富裕，是社会主义的本质要求。"[①] 纵观新中国成立以来的扶贫历程，中国扶贫工作大致经历了小规模救济式扶贫、体制改革推动扶贫、大规模开发式扶贫、整村推进式扶贫、精准扶贫五个阶段，尤其是精准扶贫方略的高效实施，中国扶贫、减贫事业取得历史性突破，中国即将取得脱贫攻坚战的最终胜利，延安脱贫就是精准脱贫的一个缩影。

---

① 习近平：《做焦裕禄式的县委书记》，中央文献出版社2015年版，第16页。

1. 精准扶贫，中国扶贫新阶段

党的十八大以后，中国扶贫已进入精准式扶贫阶段。随着精准扶贫的高效实施，中国消除绝对贫困，实现全面脱贫指日可待。

（1）小规模救济式扶贫阶段：着力解决燃眉之急

新中国成立初期，以毛泽东为代表的中国共产党人对农村贫困群体、边远落后地区群体、因灾致贫群体、战争伤残群体实施了救济式扶贫。通过提供物资或现金帮助他们维持基本的生活需要。小规模救济式扶贫短期内满足了农村贫困人口的基本生活需要，但是难以从根本上解决贫困问题。根据1978年中国规定的贫困线标准测算，中国农村贫困人口规模为2.5亿人，占全国人口总数的25.97%，农村贫困发生率达到30.7%。[①]

（2）体制改革推动扶贫阶段：推进农村生产力的解放

1978年，党的十一届三中全会拉开了农村经济体制改革的序幕，标志着中国农村扶贫工作进入体制改革推动扶贫阶段。通过实施家庭联产承包责任制、提高部分农产品的价格、扶持乡镇企业发展等措施极大地解放了农村生产力，调动了农民劳动的积极性，推动了农村经济的快速发展，减少了农村贫困人口的数量。按照1978年的贫困线标准，中国农村贫困人口由1978年的2.5亿人减少到1985年的1.25亿人，农村贫困发生率从30.7%下降到14.8%，年均减贫1786万人。[②]

（3）大规模开发式扶贫阶段：初步解决农村温饱问题

1986年6月，国家成立了贫困地区经济开发领导小组，中国农村扶贫工作进入大规模开发式扶贫阶段。中国成立了专门

[①] 燕连福：《我国扶贫工作的历程、经验与持续推进的着力点》，《经济日报》2019年10月16日第12版。

[②] 同上。

的扶贫开发领导机构,制定了扶贫开发方针,确定了以县为对象的瞄准机制。1986年确定了331个国家级贫困县,1988年确定了370个国家级贫困县。1994年,国务院印发的《国家八七扶贫攻坚计划》将国家级贫困县调整到592个,提出要用7年时间解决全国农村8000万贫困人口的温饱问题。2000年年底,"八七扶贫攻坚计划"的目标基本实现,农村贫困人口大幅度减少,农村贫困地区温饱问题基本解决。

(4) 整村推进式扶贫阶段:巩固成果奠定小康基础

进入21世纪,中国农村贫困人口分布逐渐从国家级贫困县区域向村级区域集中。基于这一现状,2001年6月,国务院发布了《中国农村扶贫开发纲要(2001—2010)》,提出要"巩固温饱成果,提高贫困人口的生活质量和综合素质,加强贫困乡村的基础设施建设,为达到小康水平创造条件"。国务院扶贫办以贫困村为重点扶贫对象,在全国开展了整村推进扶贫工作,推动中国扶贫工作进入整村推进式扶贫阶段。其间,中国确定了14.8万个贫困村,扶贫资金、扶贫政策以及扶贫项目直接向贫困村倾斜,改善了贫困村的生活条件,提高了贫困村的收入水平。2012年年底,中国农村贫困人口为9899万人,贫困发生率为10.2%,较2000年减少了39.6个百分点。[①]

(5) 精准扶贫阶段:从输血式扶贫走向造血式扶贫

2013年至今,在总结以往扶贫实践经验的基础上,中国农村扶贫工作进入精准式扶贫阶段,为完成脱贫攻坚任务指明了前进方向。2013年11月,习近平总书记在湖南湘西考察时提出"精准扶贫",精准扶贫思想逐步落地。这一阶段主要针对"扶贫谁""谁来扶""怎么扶""如何退"四大问题,提出了贯彻落实"六个精准""五个一批"的具体要求及实践路径。与粗

[①] 燕连福:《我国扶贫工作的历程、经验与持续推进的着力点》,《经济日报》2019年10月16日第12版。

放扶贫不同,精准扶贫是一种针对不同贫困区域环境、不同贫困农户状况,运用科学有效程序对扶贫对象实施精确识别、精确帮扶、精确管理的治贫方式。精准扶贫不仅重视政府帮扶,更注重"志""智"双扶;不仅重视输血,更注重造血;不仅重视脱贫。更注重全面发展,从而使得脱贫更具长效性。在精准扶贫方略的指导下,中国的扶贫工作成效显著。①

"全面建成小康社会,最艰巨最繁重的任务在农村、特别是在贫困地区。没有农村的小康,特别是没有贫困地区的小康,就没有全面建成小康社会。"②

在精准扶贫阶段,作为中国革命老区的延安,积极落实中央"六个精准""五个一批"要求,通过实施"八个一批"等工程,不仅实现了全面脱贫,而且还通过大扶贫格局促进了经济社会获得全面发展。2019年5月7日,陕西省政府宣布,延安市延川、宜川两县退出贫困县序列,全市693个贫困村,19.52万贫困人口脱贫退出。这标志着革命圣地延安的贫困县全部摘帽,从此告别绝对贫困,226万老区人民开启奔向全面小康的新生活。延安脱贫,是党的十八大以来精准扶贫落地实施,成功实践的一个缩影。

2. 精准施策,延安脱贫的妙招

为推进全面脱贫,延安按照"六个精准""五个一批"要求,积极推进包含产业扶贫、易地搬迁、危房改造、生态补偿、教育支持、就业创业、医疗救助、兜底保障在内的"八个一批"脱贫工程,建立、健全包括精准扶贫工作领导机制、资金投入保障机制、精准扶贫动态管理机制、扶贫工作督查考核机制在

---

① 燕连福:《我国扶贫工作的历程、经验与持续推进的着力点》,《经济日报》2019年10月16日第12版。

② 习近平:《做焦裕禄式的县委书记》,中央文献出版社2015年版,第16页。

内的"五大工作机制",着力落实包含村级道路畅通、饮水安全、农村电力保障、教育扶贫、卫生计生扶贫、文化建设、基本农田建设、生态建设等"十项重点工作",这些举措的落实,助力延安取得了解决区域性贫困的胜利。

在精准脱贫过程中,延安的扶贫工作有如下亮点:

(1) 党的领导有力让脱贫有了"主心骨"

打赢脱贫攻坚战,需要强有力的组织保证,而这一组织保证就是中国共产党的领导。"实践证明,坚持党对扶贫工作的领导,为我国如期全面打赢脱贫攻坚战、如期全面建成小康社会提供了坚强的政治保障。"[①] 只有加强党的领导,才能保证将党中央的政策、方略落到实处。对于地方政府而言,不仅要认真贯彻党中央的决策、部署,而且要有决战脱贫攻坚的决心和强大的执行力,只有这样,才能激发贫困人口积极脱贫的内生动力,同时提高扶贫一线工作人员的积极性,增加扶贫的精准度,提升扶贫项目的落地效率和资金的使用率。

为此,延安推行"四级书记"抓扶贫,从市委书记和市长做起,市县两级党委、政府和重点责任部门主要负责同志公开立下"军令状",从市委常委做起,带动各级领导干部深入贫困村,走进贫困户,每月至少开展一次驻村蹲点督导调研,发现问题、推动落实。在党的坚强领导下,在"四级书记"的共同努力下,延安通过抓规划部署、抓责任分工、抓队伍建设、抓工作落实,让脱贫攻坚有了"主心骨"。

(2) 资金保障到位让脱贫有了"推动力"

脱贫攻坚,资金先行。资金和政策作为精准扶贫的强大推力,只有有足够的资金才能推进产业发展。只有扶贫资金有了保证,才能不断地为产业发展注入新鲜血液。

---

① 燕连福:《我国扶贫工作的历程、经验与持续推进的着力点》,《经济日报》2019年10月16日第12版。

延安决战脱贫攻坚以来，发挥政府财政投入在扶贫工作中的主体和主导作用。同时加大金融资金投入，吸引社会资金参与，积极探索扶贫资金"三变改革"，取得明显成效。全方位、多渠道的资金投入为延安市的脱贫攻坚工作提供了强有力的资金保障，让脱贫攻坚有了强大的"推动力"。

（3）精准培育产业让农民吃上"产业饭"

脱贫攻坚，产业发展是基础。产业扶贫是延安打好脱贫攻坚战的"作战方略"。在脱贫攻坚的路上，延安市因地制宜、因村因户精准施策、实现有劳动能力贫困人口产业全覆盖，走上脱贫致富奔小康之路。树立"户户有增收项目、人人有脱贫门路"的目标，以"无中生有，有中生新，冷中生热"为策略，大力发展新兴产业，壮大优势特色产业，培育开发旅游产业。完善带贫益贫机制，把贫困户嵌入产业链，分享全产业链增值收益，让贫困群众人人吃上"产业饭"。

在加大产业扶持的同时，延安还不断拓宽贫困群众增收渠道，通过劳务输出、公益性岗位、土地流转、村集体经济分红、社会救助、惠农政策补贴等实现群众多元化增收，脱贫质量不断提高。

（4）社会保障让脱贫有了"安全网"

贫困县能够脱贫，不仅依靠产业，还有政府为缺乏劳动能力的困难群众提供的"社会安全网"。为此，延安对因病、因灾致贫的贫困户实现救助全覆盖，对因自然灾害造成无法维持基本生活的贫困人口，及时提供应急救助；对因临时性、紧迫性、突发性原因导致生活陷入困境的贫困户给予临时救助。对"五保"、鳏寡孤独、老龄等无劳动能力的贫困人口，采取低保、集中供养、分散供养和发放残疾人生活补助等方式，按照省定脱贫标准补足差额，实行政府精准兜底保障。将农村一级智力、肢体、精神残疾人口全部纳入"五保"供养对象，二级以上农村重度残疾人全部纳入农村低保范围，逐步提高残疾人生活补助标准。

延安还加强教育扶贫力度,全面推行贫困户子女学前和高中免费教育,实现义务教育入学率达到100%,建档立卡贫困学生因贫辍学率为零。同时,延安还建立市县大学生资助平台,整合扶贫、教育、民政、工会、团委、妇联、残联、慈善协会等各类助学资源,对贫困家庭学生助学全覆盖。通过政府兜底,触及贫困人口健康、教育、基本生存方面的困境,有效帮扶该群体实现了脱贫。

(二) 延安脱贫是绿色脱贫的一个缩影

延安脱贫靠的是按照中央部署,统筹脱贫大格局,因地制宜,精准施策。为了改变落后面貌,延安人民认识到必须先改变生存环境,推进生态治理,生态好了,相关产业才能发展好,才能有可持续性。

1. 绿水青山就是金山银山

"稻花香里说丰年,听取蛙声一片。"寥寥几句诗,呈现出一幅人与自然和谐相处的美丽画卷。随着人类历史发展不断向前推进,人们越来越清醒地认识到,经济社会快速发展绝不能以环境的破坏、资源的浪费为代价。面对如何解决经济发展与环境保护兼顾的问题,中共中央总书记习近平提出"绿水青山就是金山银山"的理念,将绿色作为扶贫工作的基调。

(1) **什么是绿色扶贫?**

绿色扶贫是指在贫困地区发展和精准扶贫脱贫中,以扶贫对象稳定脱贫、实现可持续发展为目标,把绿色发展理念、要求、方式贯穿精准扶贫脱贫全过程,实现脱贫致富和生态文明建设双赢。

"既要绿水青山,也要金山银山",核心在发展,当代中国经济社会发展举世瞩目的成就证明，只有发展才能为扶贫脱贫奠定基础。"宁要绿水青山，不要金山银山"，核心在保护，说明再也不能以牺牲环境为代价换取一时经济增长，贫困地区的发展要把环境保护和贫困人口扶贫脱贫结合起来。"绿水青山就是金山银山"，核心在统筹，彰显人与自然是生命共同体，倡导牢固树立社会主义生态文明观，推动形成人与自然和谐发展的现代化建设新格局，这为贫困地区加快发展指明了方向。

在贫困地区，绿色扶贫从理念到实践的深入发展，正成为打赢脱贫攻坚战的重要组成部分，绿色扶贫已成为精准扶贫的重要模式。

（2）减贫与绿色发展要结合

坚持绿色减贫、实现绿色发展，是由贫困地区的生态脆弱、贫困人口通常面临发展与生态保护选择等特征所决定的。在生态脆弱区的县级行政单位中，76%为国家扶贫开发工作重点县，这些县的土地面积、耕地面积和人口数量，分别占到生态脆弱地区土地面积的43%、耕地面积的68%、人口数量的76%。[①] 2015年11月，中共中央、国务院印发的《关于打赢脱贫攻坚战的决定》中明确要求，脱贫攻坚要牢固树立并切实贯彻创新、协调、绿色、开放、共享的发展理念。贫困地区发展、贫困人口脱贫的一切活动，都需要贯彻绿色发展的理念，体现绿色发展的要求，实现绿色减贫。

延安依靠绿色扶贫，将产业发展与生态保护相结合，成功走出了一条独具特色的绿色脱贫之路，积累了丰富的绿色扶贫经验。

2. 生态扶贫，延安绿色扶贫的亮点

今日的延安群山碧绿，满目苍翠，往日的黄沙扑面与满目

---

① 马丽文：《探索"绿色减贫"新机制》，《中国扶贫》2017年第15期。

荒凉，已经成为过去。为改善生存环境，1998年吴起县率先在全国拉开退耕还林大幕，延安积极实施退耕还林工程，进行生态保护。现在的延安生态环境明显好了，山绿了、水清了、天蓝了。2015年10月，延安正式启动"2+1"多城联创工作，并分别于2016年9月、2017年7月被国家有关部委正式授予"国家森林城市"和"国家卫生城市"荣誉称号。

（1）生态补偿保护自然助力脱贫

1998年延安市吴起县在全国范围内率先开始实施退耕还林工程，1999年延安市全市范围内开展退耕还林工作，倡导通过封山育林的方式保护环境，通过以粮代赈的方式满足民众的基本生活。延安市先后制定《延安市关于全面实行封山禁牧的决定》等政策法规，保障退耕还林工作的实施，被誉为"全国退耕还林第一市"。20余年来，延安人民以执着的延安精神改造河山，在世界上水土流失最严重的黄土地上持续实施退耕还林，实现了山川大地由黄到绿的历史性转变，以实际行动践行着"绿水青山就是金山银山"的绿色发展之路。

在认真开展退耕还林工程的同时，延安还积极落实中央关于生态补偿的相关政策，2018年延安市生态效益补偿金额涉及建档立卡户15302户、40404人，补偿资金1030万元，户均实现增长673元。2018年延安市退耕还林补助金按照国家要求，已经全部兑现完成，共涉及建档立卡户27232户、76571人，补助资金5786万元，户均增收2124元。[①] 在开展退耕还林的同时，延安市居民享受着国家的生态补偿金额，带动贫困户脱贫效果明显。

（2）生态教育改变农民靠天吃饭的观念

生态扶贫成效的突显，离不开民众生态意识的提高。生态教育就是要通过教育宣传从根本上转变民众靠天吃饭的思想，

---

① 数据来源：延安市扶贫办。

同时通过生态补偿机制和生态产业给予民众基本的补偿与生存发展方式,通过实地宣传使民众认识到生态扶贫的周期性,回报时间较长等问题,以便在保护环境的同时推动经济发展。

2015年,为了巩固退耕还林成果,结合精准扶贫工作实际,吴起县制定了以大力发展家庭林场为核心的生态扶贫政策。在外开公司做生意的冯建福抓住了这个机会。

在当地政府的支持下,冯建福申请了老家郭店子村4500亩荒山开办了家庭林场。"退耕还林后,延安这块儿森林长得好。当时回老家吴起,感觉都成了另一片天地。当时种的山桃、山杏感觉还可以,就决定种点儿经济林,增加自己和全村人的经济收入。"冯建福说道。

2018年,冯建福的家庭林场面积接近3万亩,并且吸纳附近村400多村民作为员工加入其家庭林场。他免费给村民发放树苗,村民栽完后还能从他那儿领到工资。冯建福还计划在林场里再增种200亩油用牡丹,让林场的经济效益进一步扩大,带动更多人致富。农民的钱包鼓了起来,"绿水青山就是金山银山"的生态文明理念渐渐深入人心。[①]

(3)生态产业促进经济与环境协调发展

退耕还林改变的不仅仅是生态,更催生生态经济。延安把退耕还林工程建设与农业经济结构调整、农村基础设施建设、扶贫开发紧密结合起来,努力实现生态植被与群众生活同步改善,农村经济与自然环境协调发展。延安再造的不只是"绿水青山",更是一座座"金山银山"。

在实施退耕还林前,许多地方一亩地的收入大概在三四百元,实施退耕还林以后,每亩地的收入增加到2000元以上。农

---

① 《退耕还林还草 延安生态建设谱新篇》,2018年11月5日,国家林业和草原局政府网(http://www.forestry.gov.cn/tghl/2424/20181105/083423263815039.html)。

民从繁重体力劳动中解脱出来,逐步走向了多种经营、高效农业的新时代。通过一系列的生态扶贫创新举措,带动贫困户在林业领域就业,形成的长、中、短多元渠道增加了贫困户补偿、就业、财产等收入,全面激发了贫困群众自食其力、勤劳致富的决心和信心,老百姓在保护绿水青山中享受到实惠。

(4) 生态移民带来生态和脱贫双丰收

"十三五"以来,延安认真贯彻习近平总书记在陕甘宁革命老区脱贫致富座谈会上的讲话精神,着眼"四化同步、城乡一体",坚持将易地扶贫搬迁作为根本性的民生工程、全局性的发展工程、关键性的生态工程。为了从根本上解决延安黄河沿岸土石山区、白于山区和洛河峡谷地带贫困群众的生存和发展问题,彻底实现"拔穷根""挪穷窝",坚持把扶贫移民搬迁与避灾移民搬迁相结合,贫穷落后面貌得到根本改变,有力地促进了新型城镇化进程。

延安市"十三五"期间易地扶贫移民搬迁任务共 17306 户、56338 人(其中 2016 年 9822 户、33194 人,2017 年 3462 户、10700 人,2018 年 4022 户、12444 人),共规划实施易地扶贫移民搬迁安置项目 117 个,其中新建集中安置项目 58 个、11694 套,占 67.57%;回购房安置项目 41 个、4176 套,占 24.13%;集中供养安置项目 18 个、471 户,占 2.72%;分散安置 965 户、2646 人,占 5.58%。[①]

延安通过生态移民,不仅保护了生态环境,而且重点围绕"抓入住、稳脱贫、促腾退、强管理、提质量、转作风"六个方面,进一步夯实责任,强化工作措施,全力推进各项工作措施落实,不断提升脱贫攻坚质量。

[①] 《延安市确保"十三五"易地扶贫搬迁 50% 以上家庭实际入住》,2018 年 7 月 11 日,华商网(http://news.hsw.cn/system/2018/0711/1004820.shtml)。

（三）延安脱贫是老区可持续
脱贫的一个缩影

革命老区地位特殊，老区人民为中华民族的独立解放和新中国的建立作出了不可磨灭的贡献。新中国成立后，党和政府对老区的扶贫脱贫与开发建设高度重视。党的十八大以来，以习近平同志为核心的党中央更是时时刻刻关心着老区发展。从落后到繁荣，老区正在经历着翻天覆地的变化。

1. 革命老区，中国发展之殇

囿于社会发展和地理环境等因素的限制，新中国成立之后，革命老区的发展依然落后。

（1）全国老区普遍贫困

1952年1月28日，中央人民政府政务院发布了《关于加强老根据地工作的指示》，对恢复和发展老根据地的经济、文化、教育、医疗、卫生、交通等各项事业作出了具体部署。1953年，中央人民政府政务院又在全国重要革命根据地确定了782个老区县由国家给予重点扶持。后来由于受到各种因素影响，老区的开发建设实际上处于停滞状态，老区农村和全国绝大多数农村一样普遍处于贫困状态。1978年，陕北老区农民人均年纯收入不足50元，志丹、子洲、清涧、佳县、吴堡等县人口大量外流。[①]

（2）让老区农村贫困人口尽快脱贫致富

革命老区是共和国的根脉，党和国家十分关注革命老区建设发展。党的十八大以来，一系列加快老区振兴发展的方针政策和扶持措施发布，2016年国家发展改革委正式出台《川陕革

---

① 韩广富：《改革开放以来革命老区扶贫脱贫的历史进程及经验启示》，《当代中国史研究》2019年第1期。

命老区振兴发展规划》，形成了支持革命老区的"1258"政策体系（即"1个总体指导意见、2个区域性政策意见、5个重点革命老区振兴发展规划、8个涉及革命老区的片区区域发展与扶贫攻坚规划"），革命老区振兴发展的动力活力空前。

2015年春节前夕，习近平总书记在延安看望慰问干部群众，主持召开陕甘宁革命老区脱贫致富座谈会，对老区发展关怀备至。5年多来，延安始终牢记习近平总书记的嘱托，把脱贫攻坚作为首要政治任务和第一号民生工程，实事求是、因地制宜，因村因户因人精准施策，对症下药，力保脱贫村村过硬、户户过硬，举全市之力打赢脱贫攻坚战。

2. 延安精神，照亮老区脱贫之路

革命战争年代，中共中央在延安和陕北战斗生活了13年，培育出宝贵的延安精神。今天，延安干部群众坚持用好"传家宝"，以延安精神为引领全面推进脱贫攻坚，迈出了全面小康的坚实步伐。

坚定正确的政治方向、解放思想实事求是的思想路线、全心全意为人民服务的根本宗旨、自力更生艰苦奋斗的创业精神，是延安精神的主要内容。在脱贫攻坚中，延安坚持实事求是，以全面精准为前提，确保脱贫村村过硬、户户过硬；坚持艰苦奋斗，用自立编织美好新生活，用奋斗彰显磅礴力量；坚持一心为民，坚持为人民服务宗旨，2.8万名干部奋战在扶贫一线；坚持从单纯"输血"到发挥群众主观能动性的"造血"，所有这一切，正是延安精神的生动体现。

3. 延安脱贫，老区可持续脱贫样板

延安的脱贫之路，曾经布满荆棘。前路坎坷，却从未退缩。这是历史的担当，更是时代的使命。延安不如期脱贫，就没法向党和人民交代！决心就是号角。在党中央的坚强领导下，延

安瞄准贫困,打响了老区精准脱贫攻坚战,并取得最终胜利,成为继江西瑞金和井冈山之后,实现全面脱贫的革命老区,树立了老区脱贫的样板。

(1) 自力更生的样板

2015年以来,延安牢记习近平总书记的嘱托,带领226万老区人民,发扬延安精神,向贫困宣战。其间,一个个脱贫攻坚举措,充分展现了延安人民自力更生、艰苦奋斗的精神风貌。

发展特色产业,开启脱贫致富新路子。近年来,延安将产业发展作为决胜脱贫攻坚战、实施乡村振兴战略的重要支撑点。通过发展林果、养殖、蔬菜等农业特色产业,带领贫困群众脱贫致富。尤其在苹果产业发展中,延安立足资源禀赋,实行苹果产业后整理,全力做大做强苹果产业。目前,苹果收入占延安农民收入的60%以上,[①] 农业产业后整理真正让农民在全产业链上实现了增收致富。

推动产业转型,加速经济增长新动能。近年来,延安围绕做好"有中生新""无中生有"两篇文章,实施《延安综合能源基地发展规划》,坚持以市场为导向,促进资源转化,加快新旧动能转换。尤其是延安富县,建成了煤油气资源综合利用等277个重大转型项目,实现了聚烯烃、苯乙烯、甲醇等化工产品从无到有,带动了556家新一代信息技术、智能制造、区域总部等新经济企业落户延安,为延伸产业发展链条、拉动经济增长注入新的动力。

深化改革开放,释放高质量发展新活力。延安山大沟深、信息闭塞,但延安人民不缺乏自力更生、开拓创新精神。脱贫攻坚以来,延安抓好"改革""开放"两项工作,推动延安释放高质量发展的活力。一方面,按照中央省委顶层设计重大改

[①] 《奋进新时代 建设新延安——新中国成立七十年延安经济社会发展综述》,《陕西日报》2019年9月16日第10版。

革部署，积极稳妥推进医疗、交通、住房、教育等领域的改革，解决人民群众最关心的问题。另一方面，主动融入"一带一路"发展格局，举办首届世界苹果大会和连续11次的中国·陕西国际苹果博览会，与国内外32个城市缔结友好关系，延安加速走向世界。

（2）全面发展的样板

延安脱贫攻坚不是单纯脱贫，而是以脱贫攻坚为抓手，统领经济社会的全面发展进步。在积极推进脱贫攻坚的同时，延安结合乡村振兴战略，努力实现了城乡统筹发展、一二三产业融合发展和县域经济平稳发展。

城乡统筹发展，推动老区面貌焕然一新。作为陕西省统筹城乡发展试点市，延安敢于先行，勇于创新，依据区域的资源承载能力和产业支撑能力，科学规划产业结构、基础设施、公共服务等重点内容，着力改造城乡居民生产生活环境，推动老区面貌发生了巨大变化。如今，一批批新老城连接道路加速建成，贫困地区交通、水利、电力等不断完善，教育、医疗、住房、就业等项目全面启动，延安城乡发展的差距逐渐缩小。

一二三产业融合发展，助力农业增效提质。近年来，延安按照国务院办公厅下发的《关于推进农村一二三产业融合发展的指导意见》，通过加快农业结构调整、推进农产品精深加工、发展生产性服务业、加快发展乡村旅游、大力发展农业新型业态等措施，构建起了农业与二三产业交叉融合的现代产业体系，不仅提高了农业全产业链的收益，更推动了农业增效、农民增收和农村繁荣。

县域经济平稳运行，加快产业转型升级。脱贫攻坚以来，延安紧紧围绕中央和省委省政府的部署要求，立足地域特点、资源禀赋和产业特色，加快培育壮大特色优势产业，打造县域经济重要支撑，深化重点领域改革创新，优化县域经济发展环境，促进了全市县域经济平稳健康发展，为实现延安产业转型升级提供了动力。

（3）可持续发展的样板

"中国秉持创新、协调、绿色、开放、共享的发展理念，推动中国经济高质量发展，全面深入落实2030年可持续发展议程。"① 脱贫攻坚以来，延安积极落实习近平总书记提出的新发展理念，推动全市实现可持续发展。

科技创新推动可持续发展。在首届世界科技与发展论坛召开之际，习近平总书记发来贺信，表明了以科技创新推动可持续发展的中国理念。近年来，延安加大科技创新与技术引进力度，加强与国内外实力科技企业强强合作，推动地区经济实现可持续发展。如2019年12月，在延安市科技局的带动下，陕西田垣智农科技有限公司与江苏农星智能科技有限公司、日本ISID公司上海公司签订了战略合作协议，旨在借助新兴的区块链技术，为延安苹果种植、加工及运输等经济发展方面提供有力的科技支撑。

区域协调带动可持续发展。党的十八大以来，延安大力发展县域经济，加快推进"三区九园"和17个县域工业集中区建设，加快新区、高新区、南泥湾开发区建设，加快延塞快速干道、新动能产业园建设，加快沿黄公路沿线城镇建设，促进延安区域协调发展。同时，延安还积极整合各类资源，"因村施策、因户施策、因人施策"，对标落实"产业脱贫、家庭减负、政府兜底"三项措施，真正做到有产业、有就业、有住房、有保障、有帮扶，从而带动区域经济协调发展。

生态建设助力可持续发展。党的十八大以来，延安牢记习近平总书记"延安生态环境整体脆弱"的告诫，在全市开展了新一轮的退耕还林工程。延安通过生态效益补偿、退耕还林

---

① 《习近平向首届可持续发展论坛致贺信》，《人民日报》2019年10月25日第1版。

补助、聘用生态护林员、林业生态工程劳务、森林旅游服务等方式，探索出了一条绿色可持续发展新道路。如今，"圣地蓝"成为延安一张亮丽的名片。延安贫困群众尝到了生态建设的"红利"，延安实现了生态保护和扶贫脱贫一个战场、两场战役的双赢。

对外开放促进可持续发展。延安紧紧抓住"一带一路"重大机遇，不断扩大对外开放水平。2017年，延安参与承办中俄红色旅游合作交流系列活动。2018年，延安与马克思故乡、德国特里尔市签署共建友好城市备忘录，并商定在经贸、科教等多个领域开展相关合作。作为中华民族和中国革命的圣地，如今的延安在"一带一路"建设框架下，进一步扩大对外开放的水平，谋求更深层次、更高质量的发展。

共建共享加快可持续发展。"坚持共享发展，就是要坚持发展为了人民、发展依靠人民、发展成果由人民共享，使全体人民在共建共享发展中有更多获得感，朝着共同富裕方向稳步前进。"[1] 脱贫攻坚以来，在保证建设质量的前提下，延安加快了教育、住房、医疗、就业、基础设施等民生工程的建设进度，确保早建设早投产，确保延安全体人民共同享受脱贫攻坚的成果，实现可持续稳定脱贫。

---

[1] 习近平：《深化合作伙伴关系 共建亚洲美好家园：在新加坡国立大学的演讲》，人民出版社2015年版，第11页。

结语　构建人类命运共同体

延安脱贫是全中国人民的心愿

这里，是中共中央和各路红军长征的落脚点。

这里，见证了中国共产党由弱到强、从胜利走向胜利的历史。

这里，诞生了伟大的延安精神。

如今，延安精神化作脱贫攻坚的强大精神动力，闪耀在脱贫攻坚的战场上，激励着226万延安人民历史性地告别了绝对贫困，走上了奔向全面小康的幸福大道。

一个县一个办法，一个村一个路子，一户人一个方案。延安坚持精准扶贫、精准脱贫，创造性地运用极具特色的文化帮扶、产业扶贫、易地搬迁、危房改造、就业创业、生态补偿、教育支持、医疗救助、兜底保障等多种脱贫方法，啃下了脱贫攻坚"硬骨头"，画出了一幅幅精细的脱贫工笔画。

一项项精准脱贫的政策措施在延安的山沟梁峁间落地生根，使得今天之延安从黄到绿，由穷变富，蜕变出斑斓的色彩，熠熠闪耀、宛若新生。

延安枣园脱贫户李永前，道出延安人民最真挚的心声："延安人民感谢习近平总书记，感谢党中央！延安脱贫了，几代人的心愿实现了！"

民亦劳止，汔可小康，小康社会自古以来就是中国人民对美好生活的心愿和向往。革命老区延安的脱贫，不仅是延安人民的心愿，也是中国人民的共同心声，更是全面建成小康社会不可或缺的一部分。

中国共产党带领人民脱贫致富

延安干部群众在脱贫道路上挥汗如雨的身影，也是千千万万为打赢中国脱贫攻坚战的奋斗者的缩影。在中国这片土地上，曾有很多像延安这样的革命老区、贫困山区、民族贫困地区和农村贫困人口。

中国共产党把集中连片特殊困难地区作为主战场，把稳定解决扶贫对象温饱、尽快实现脱贫致富作为首要任务。坚持全面建成小康社会，不落下一个贫困家庭、不丢下一个贫困群众。紧紧依靠广大党员干部和群众，以更大决心、更精准思路、更有力措施，采取超常举措，实施精准扶贫、精准脱贫，确保中国现行标准下农村贫困人口实现脱贫，贫困县全部摘帽，解决区域性整体贫困问题，使得全体人民共同奔向幸福美好新生活。

推动生态文明建设与可持续发展

生态文明建设与脱贫攻坚是在同一个战场上进行的两场战役，保护生态是大前提，脱贫攻坚是硬目标，如何找到两场战役的共赢之策呢？

延安创造性地走出了一条生态扶贫之路。通过退耕还林、修复生态，确立了"坮塬苹果、沿黄红枣、河谷川道棚栽、沟道养殖"的生态产业布局，发展绿色农业、生态旅游业，并着力改善农村居住环境，实现了生态美、产业兴、百姓富的有机统一。延安的山川大地由黄变绿，延安的人民由贫穷走向幸福。生态扶贫使得美丽与富裕共生，为加强生态文明建设，走绿色减贫之路、可持续发展之路提供了可借鉴的思路和方法。

建设没有贫困的人类命运共同体

消除贫困，自古以来就是人类梦寐以求的理想，是各国人民追求幸福生活的基本权利。中国作为世界上最大的发展中国家，一直是世界减贫事业的积极倡导者和有力推动者。据联合国 2015 年发布的《千年发展目标报告》显示，中国成为世界上减贫人口最多的国家，对全球减贫的贡献率超过 70%。2020 年全面建成小康社会目标实现后，中国将有 1 亿左右贫困人口实现脱贫，提前 10 年实现联合国 2030 年可持续发展议程的减贫目标。可以说，世界上没有哪一个国家能在这么短的时间内帮助这么多人脱贫，这对中国和世界都具有重大意义。

2018 年联合国大会把中国倡导的"精准扶贫""合作共赢""构建人类命运共同体"等理念与实践写入关于消除农村贫困的决议。联合国秘书长古特雷斯指出："精准减贫方略是帮助贫困人口、实现《2030 年可持续发展议程》宏伟目标的唯一途径。中国已实现数亿人脱贫，中国的经验可以为其他发展中国家提供有益借鉴。"[1] 保加利亚前总统罗森·普列夫内利耶夫也指出："中国为世界脱贫提供了一个卓越和前所未有的良好范例。"[2]

一滴水可以折射出太阳的光辉。中国是全球减贫的一个典型案例，而延安又是中国打赢脱贫攻坚战的一个典型案例。中国贫困发生率从 2012 年的 10.2% 降至 2019 年的 0.6%，延安地区的贫困发生率从 2014 年的 13.2% 下降到 2019 年的 0.66%，延安的脱贫成绩是中国对全球减贫贡献中不可或缺的一部分。延安的精准扶贫、精准脱贫、绿色减贫等方法和实践，也为世界各国治理贫困提供了可资借鉴的中国智慧和中国方案。

独行者快，众行者远。中国人民不仅希望自己过得好，也希望世界各国人民过得好。中国人民始终与世界各国人民同舟

---

[1]《中国减贫成就举世瞩目——国际社会点赞中国扶贫工作》，2019 年 10 月 17 日，中国经济网（http://www.ce.cn/xwzx/gnsz/gdxw/201910/17/t20191017_33365507.shtml）。

[2]《精准脱贫赢得世界赞誉 贡献中国智慧》，2017 年 12 月 29 日，中国扶贫在线网（http://f.china.com.cn/2017-12/29/content_50176919.htm）。

共济、合作共赢,致力于构建没有贫困的人类命运共同体。截至 2019 年年底,中国已累计向近 170 个国家和国际组织提供援助资金 4000 多亿元,实施各类援外项目 5000 多个,派遣 60 多万援助人员,为发展中国家培训各类人员 1200 多万人次,为 120 多个发展中国家落实千年发展目标提供帮助。此外,据《新时代的中国与世界》白皮书显示:"一带一路"倡议将使相关国家 760 万人摆脱极端贫困、3200 万人摆脱中度贫困。

消除贫困,实现美好生活是人民的向往。中国在解决自身贫困问题的同时,也将和各国一道,共战贫困,"共建一个没有贫困、共同发展的人类命运共同体"①。

---

① 习近平:《携手消除贫困 促进共同发展:在 2015 减贫与发展高层论坛的主旨演讲》,人民出版社 2015 年版,第 11 页。

参考文献

马克思、恩格斯:《马克思恩格斯选集》第1—4卷,人民出版社2012年版。

毛泽东:《毛泽东选集》第1—4卷,人民出版社1991年版。

邓小平:《邓小平文选》第1—2卷,人民出版社1994年版。

邓小平:《邓小平文选》第3卷,人民出版社1993年版。

江泽民:《江泽民文选》第1—3卷,人民出版社2006年版。

胡锦涛:《胡锦涛文选》第1—3卷,人民出版社2016年版。

习近平:《习近平谈治国理政》第1卷,外文出版社2018年版。

习近平:《习近平谈治国理政》第2卷,外文出版社2017年版。

习近平:《习近平谈治国理政》第3卷,外文出版社2020年版。

习近平:《摆脱贫困》,福建人民出版社1992年版。

习近平:《之江新语》,浙江人民出版社2013年版。

习近平:《知之深 爱之切》,河北人民出版社2015年版。

中共中央党史和文献研究院:《习近平扶贫论述摘编》,中央文献出版社2018年版。

中共中央宣传部:《习近平总书记系列重要讲话读本》,学习出版社2016年版。

国务院扶贫开发办:《中国农村扶贫开发纲要》(2011—2020年),中国财政经济出版社2012年版。

延安市地方志编纂委员会:《延安地区志》,西安出版社2000年版。

曹立、石霞：《小康路上一个不能少　精准扶贫案例》，人民出版社2017年版。

马银录：《帮农民脱贫——来自苹果之乡洛川县的报告》，西北大学出版社2014年版。

中共延安市委宣传部：《延安》，陕西人民出版社2019年版。

习近平：《在决战决胜脱贫攻坚座谈会上的讲话》，《人民日报》2020年3月7日第2版。

习近平：《在解决"两不愁三保障"突出问题座谈会上的讲话》，《求是》2019年第16期。

《把革命老区发展时刻放在心上——习近平总书记主持召开陕甘宁革命老区脱贫致富座谈会侧记》，《人民日报》2015年2月7日第2版。

《习近平讲故事：梁家河的变化是中国进步的缩影》，《人民日报》（海外版）2017年7月27日。

《习近平讲故事：用旧貌换新颜的故事解释中国梦》，《人民日报》（海外版）2019年8月8日。

《延安告别绝对贫困》，《人民日报》2019年5月8日第1版。

《精准脱贫的"延安答卷"》，《人民日报》2016年3月21日第1版。

干雄焱：《春晖沐浴宝塔山——写在习近平总书记回延安视察五周年之际》，《延安日报》2020年2月13日第8版。

孙波等：《延安脱贫了》，《求是》2019年第13期。

刘永富：《有条件有能力如期完成脱贫攻坚目标任务》，《人民日报》2020年3月16日第9版。

刘永富：《以习近平总书记扶贫重要论述为指导坚决打赢脱贫攻坚战》，《行政管理改革》2019年第5期。

刘永富：《从严从实，坚决打赢脱贫攻坚战》，《新西部》2018年第13期。

刘永富：《中国特色扶贫开发道路的新拓展新成就》，《社会治理》2017年第8期。

刘永富:《以精准发力提高脱贫攻坚成效》,《人民日报》2016年1月11日第7版。

黄承伟、袁泉:《全面建成小康社会:习近平扶贫论述与中国特色减贫道路》,《China Economist》2020年第1期。

黄承伟:《新中国扶贫70年:战略演变、伟大成就与基本经验》,《南京农业大学学报(社会科学版)》2019年第6期。

黄承伟:《我国新时代脱贫攻坚阶段性成果及其前景展望》,《农经》2019年第3期。

黄承伟:《激发内生脱贫动力的理论与实践》,《广西民族大学学报(哲学社会科学版)》2019年第1期。

黄承伟:《中国特色扶贫开发道路不断拓展》,《人民日报》2018年8月26日第5版。

黄承伟:《我国精准扶贫实践成效、存在问题及对策建议》,《民主与科学》2018年第1期。

张国清:《贫困与精准扶贫》,《云南社会科学》2020年第2期。

陆继霞:《中国扶贫新实践:民营企业参与精准扶贫的实践、经验与内涵》,《贵州社会科学》2020年第3期。

雷明、邹培:《共享发展理念下扶贫生态系统构建》,《南京农业大学学报(社会科学版)》2019年第6期。

韩喜平:《中国农村扶贫开发70年的历程、经验与展望》,《学术交流》2019年第10期。

史玉成:《生态扶贫:精准扶贫与生态保护的结合路径》,《甘肃社会科学》2018年第6期。

刘忠:《革命的圣地 奋斗的人民——延安脱贫攻坚战纪实》,《老区建设》2019年第10期。

赵巧茹、庞邦财:《浅析弘扬延安精神对老区脱贫攻坚的引领作用》,《老区建设》2018年第8期。

申均明、茹梦丹:《延安告别绝对贫困的成就与启示》,《延安大学学报（社会科学版）》2019年第6期。

苏红义：《延长：产业扶贫结硕果》，《新西部》2019年第Z1期。

杨旭民：《脱贫攻坚 新长征路上的"吴起经验"》，《新西部》2018年第22期。

《延安市人民政府办公室关于调整完善健康扶贫有关政策的通知》，2017年6月19日，延安市人民政府网（http：//www. yanan. gov. cn/gk/zfwj/szfbh/239753. htm）。

《迷人的延安红 神奇的延安绿——"一带一路"外国主流媒体人眼中的延安》，2019年7月4日，延安市人民政府网（http：//www. yanan. gov. cn/xwzx/bdyw/387853. htm）。

《外媒记者走进延安 见证老区的发展新貌》，2019年7月3日，国际在线网（http：//news. cri. cn/20190703/ae3d8f0b - 4f80 - e31d - e403 - e33ff5bc9d75. html）。

《构筑陕西国际化新形象 "壮丽70年·见证新陕西"——"一带一路"主流媒体聚焦陕西大型采访活动圆满结束》，2019年7月1日，凤凰网（http：//sn. ifeng. com/a/20190701/7506354_ 0. shtml）。

《延安市宝塔区：山地苹果富柳林 外媒记者点赞苹果产业后整理工作》，2019年7月2日，搜集网（https：//www. sohu. com/a/324262710_ 120045180）。

《【外媒看陕西·延安市】"文化+科技"打造视觉盛宴 外媒记者身临其境感受延安"红"》，2019年7月1日，三秦网（http：//www. sanqin. com/2019/0701/426245. shtml）。

《中外记者走进陕旅集团圣地河谷·金延安 探秘大陕北国际旅游集散中心》，2019年6月30日，搜集网（https：//www. sohu. com/a/323931471_ 120045180）。

《外媒记者延安行 红色文化迎"七一"》，2019年7月1日，国际在线网（https：//baijiahao. baidu. com/s？id =

1637832960137796521&wfr = spider&for = pc)。

《【外媒看陕西·延安市】外媒记者舞起安塞腰鼓 见证延安人民红火日子》,2019年7月1日,三秦网(http://www.sanqin.com/2019-07/01/content_426247.html)。

燕连福，1976年生，甘肃甘谷人，哲学博士，现任西安交通大学马克思主义学院院长、教授、博士生导师。主要从事马克思主义中国化，思想政治教育，中西哲学比较等研究。代表著作《共产党宣言新读》（红旗出版社2020年版）、《美丽中国在路上》（中、英、日、韩、俄、西班牙六种语言，外文出版社2014年版）；在《人民日报》《光明日报》《经济日报》《哲学研究》等报刊发表论文90多篇。

兼职：教育部思想政治理论课教学指导委员会委员，2015年度全国高校思想政治理论课影响力人物，2015年入选教育部"全国思想政治教育中青年杰出人才支持计划"，2014年入选教育部"全国思想政治理论课中青年教师择优资助计划"；2018年入选陕西省"六个一批"人才。

成果：2017年度国家精品在线课《中国哲学经典著作导读》负责人；2018年获得国家教学成果二等奖（排名第二）；2019年度教育部重大攻关项目"习近平总书记关于扶贫的重要论述研究"首席专家。

课程：主持MOOC课程《中国哲学经典著作导读》（中文、英文、西班牙语），2014年在中国大学MOOC网上线，2015年在美国Couresera网上线，目前有六个大洲135个国家和地区20多万人选课，多次被美国Couresera网评为"全球最受欢迎的8门中文课程之一"。

李新烽，1960年9月生，陕西渭南人。博士，作家，摄影家。中国社会科学院西亚非洲研究所所长，中国非洲研究院常务副院长，中国社会科学院研究生院西亚非洲系主任，二级研究员，博士研究生导师，《西亚非洲》《中国非洲学刊》主编。中国亚非学会副会长，中国非洲史研究会副会长。

李新烽曾是人民日报社高级记者、驻南非首席记者和人民网、环球时报社驻南非特派记者，其足迹遍布大半个非洲大陆。2008年作为人才引进调入中国社会科学院，专业从事非洲问题研究。出版《非洲踏寻郑和路》（修订本）及其中英文版、《非凡洲游》两部专著和智库报告《新时代中非友好合作：新成就、新机遇、新愿景》《非洲华侨华人报告》（中英文版）等十多部合著，发表中英文学术论文三十余篇。温家宝总理为《非洲踏寻郑和路》题词："山一程，水一程，身向世界行；风一更，雪一更，心怀天下事。"其作品获中宣部第十届精神文明建设"五个一工程奖"、第十六届和第二十七届中国新闻奖、中国社会科学院2012年和2016年优秀对策信息一等奖、中国社会科学院2018年和2019年优秀国家智库报告奖、外交部2013年和2016年中非联合交流计划研究课题优秀奖，以及中国国际新闻奖、冰心散文奖、徐迟报告文学奖、中国改革开放优秀报告文学奖和华侨文学奖等十余种全国性奖项。